AF364161

UN MUNDO NUEVO

UN MUNDO NUEVO

Todos tenemos en nuestro interior un mundo por descubrir...

LIDIA VIVES

Título: *Un mundo nuevo*
© 2020, Lidia Vives

De la maquetación: 2020, Romeo Ediciones
Del diseño de la cubierta: 2020, Romeo Ediciones

Primera edición: mayo 2020
ISBN-13: 978-84-18489-10-5

Impreso en España

AGRADECIMIENTOS

Mi más profundo agradecimiento, a todos los que sin saberlo han colaborado en este proyecto.

Mi intención, es desde el corazón llegar al alma de las personas, humildemente, pero con muchas ganas.

Cada situación de la vida me ha servido a mí de inspiración, por ello doy gracias a ti que te has cruzado en este tiempo en mi camino.

Gracias por mis fuerzas, las que a veces parecían no tan fuertes, que han hecho que esto fuera posible.

Pero sobre todo y desde lo más profundo de mi corazón, gracias a ti, Javier Guerrero, has sido parte importante en mi sueño, tu apoyo en estos momentos y tu confianza ciega en mí, han sido fundamentales para que fuera posible.

Mi sueño es que un mundo nuevo llegue para todos.

CON MUCHO AMOR.

Lidia Vives.

ÍNDICE

CAPÍTULO 1

EN BUSCA DE UN MUNDO NUEVO

Así era. Ahora la vida de Mary estaría enfocada en encontrar Un Mundo Nuevo y a su familia, encontraría el camino, tenía que hacerlo, había mucho en juego.

Y todo partía de nuevo desde el río, tenía que empezar su camino desde allí, allí la habían dejado, allí acudía cuando estaba desolada, allí oyó las voces que la unieron a Drog.

Greg quería que creciera como persona, tenía que saber de las durezas de la vida, ella no entendía muy bien el porqué, pero estaba dispuesta a hacer lo que se esperaba de ella. Pero lo hacía por ella, deseaba más que nadie ser una persona con valía, necesitaba sentirse realizada y el camino en busca de Un Mundo Nuevo y de la felicidad, le aportaría todo lo que buscaba.

Atrás quedaban las personas que habían formado parte de su vida, no sentía rencor hacia ellas, estaba agradecida, porque a pesar de todo lo malo que le había sucedido, sentía que ahora era más fuerte gracias a ellos. Había aprendido, pues, ya antes

de empezar el camino, que las personas y los obstáculos que en la vida y en el camino nos van surgiendo nos hacen crecer y agradecer su paso, nos hacen evolucionar.

Dejaba atrás todo lo vivido en su pueblo, bien sabía ella que no lo echaría de menos, nunca se sintió de allí, y recordaba las cosas que había visto, últimamente, todas fuera de lo normal en este nuestro mundo, pero que ya no le parecían tan surrealistas, había entrado en contacto con otras maneras de vivir y, sobre todo, otras maneras de pensar.

Había abierto su mente a un mundo de posibilidades, empezaba bien su andar por la vida, esa vida nueva que ella tanto anhelaba y que ahora se le ponía a sus pies para que ella la disfrutara. No sin antes pagar su precio: ganar la batalla.

Echaba de menos a su madre y las ganas que tenía de abrazar a su hijo eran realmente grandes, usaría esa fuerza para lograr su propósito.

Sabía sin ninguna duda que ellos estaban bien, al lado de Drog, incluso mejor que si se hubieran quedado en este mundo. Allí, en Un Mundo Nuevo, había esperanza de una vida mejor para ellos.

Su hijo sería educado de manera que pudiera sentirse realizado, sería un gran rey, de eso estaba segura. Pensar en eso la hacía soportar mejor su ausencia, recordaría cada día, cuando las fuerzas la vencieran, recordaría que todo era por su familia, por ella y por Un Mundo Nuevo, lleno de libertad y felicidad.

Se había sentado en su lugar favorito del río, tal vez fuera la última vez que allí se sentara, necesitaba tranquilizarse, trazar su camino. ¿Por dónde empezaría?

Al otro lado del río fue donde encontró a su amado, por allí venían ellos, tendría que cruzar, pero no tenía modo alguno.

Llevaba consigo sus ropas, algo de comida y el pequeño cuchillo que la había salvado de las garras de John. No contaba con nada más, su vida había quedado reducida a un pequeño

fardo que llevaba atado a su espalda, pero traía consigo grandes esperanzas y muchas ganas de ver sus sueños cumplidos.

No sabía cómo ni por donde, pero sabría ver el camino, confiaba en ella ahora más que nunca y en las palabras de Greg. Tenía que tener mucha fe, solo así lo conseguiría.

Tampoco era fácil ni normal ver por esas tierras a una mujer sola, sería presa fácil, bien lo sabía ella.

Tenía una dura misión por delante, el camino sería duro y largo, tendría ganas de darse por vencida en muchísimas ocasiones, de ella dependía, pues, ahora lograrlo o no.

Aunque difícil, por la situación, por primera vez en su vida era dueña de sus decisiones, ahora su vida estaba en sus manos, era ella la que la dirigía. Eso la hacía sentir libre, había conseguido ser libre, se sentía orgullosa por ello, todas las mujeres que ella había conocido hasta la fecha, todas, desconocían la sensación de ser libres. A cuántas habían enterrado sin ni siquiera aspirar a serlo, era por eso un gran logro para Mary, la libertad de decidir por ella. Ya había ganado mucho Mary solo con eso y el camino todavía no había empezado, sin ninguna duda, Greg no estaba equivocado.

Mary sería grande en todos los aspectos si lograba llegar a Un Mundo Nuevo, allí la estaban esperando, confiaban en sus fuerzas y sabían que el motivo era suficientemente fuerte para hacerla superar los obstáculos.

CAPÍTULO 2

ANDARES POR LO DESCONOCIDO

Esperaba tal vez una señal, como otras veces había sentido, pero no veía ni oía nada, esta vez estaba sola. Se esforzaba en mirar lo más lejano del horizonte, por si algo se le escapaba, pero no, tenía que emprender la marcha y lo haría sola, no había voces que la guiaran ni sombras que le indicaran el camino.

Cruzar el río era imposible, pensó Mary, imposible sin una balsa o algo que la sostuviera, andaría río abajo, lo bordearía, aunque no sabía si así se alejaba o no de su destino. Tenía que emprender la marcha, de nada servía postergarlo más.

—Tú puedes Mary, ¡lo vas a lograr!

Esas eran sus propias palabras, las decía fuertes para que sonaran reales, quería escucharse a ella misma mientras se daba ánimos, los necesitaba, pero no podía desfallecer, era pronto para rendirse.

Recogió su pequeño fardo y se encaminó río abajo, no hacían falta las despedidas, nada de lo que allí dejaba, nada de lo que atrás quedaba, lo echaría de menos.

Greg le había dicho que este viaje le serviría para crecer, crecería en fuerza, dejaría de ser frágil e insegura, pero tenía que crecer también en su interior. Mary venía de unas creencias muy arraigadas, aunque era diferente al resto de las chicas y mujeres de su pueblo y su mente estaba más abierta, no conocía más mundo que el que había vivido allí.

De esto era ella consciente, no sabía hasta qué punto podría conseguir ella sola viajar a su interior y sacar lo mejor de ella misma, pero el viaje sola, consigo misma, la ayudaría.

Y ahí había mucho que sacar y muy bueno, ella tenía que saber su valía.

Mientras caminaba río abajo analizaba cuáles habían sido sus anhelos más grandes y qué era aquello que más infeliz la hacía.

Si algo tenía claro es que ella, en su vida, jamás había sido feliz. Se sorprendió conforme iba analizando su vida y pensando en sus sentimientos, estaba sorprendida, muchísimo, por lo que iba descubriendo.

¿Por qué una niña, sin ningún tipo de malicia ni rencores, había sido infeliz?, ¿cómo podía ser esto posible? No debería ser así.

Buscaba en el tiempo algún momento en el que se hubiera sentido feliz, por pequeño que fuera. No encontró ninguno.

Le venían a la cabeza solo los momentos en los que vivía con sus sueños, pero claro, estos no eran reales.

Tenía dieciocho años, era ya una mujer adulta y sentía en sus entrañas o en su corazón un vacío tremendo que, entonces, solo conseguía llenar con sus sueños. Eso es lo que eran sus sueños, "llenadores de vacíos".

¿Conseguir, pues, sus sueños la harían ser más feliz?, se preguntaba ella.

Había empezado bien, profundizando en su interior, pero había mucho camino que recorrer, la vida y las circunstancias le responderían a sus preguntas.

Mágicamente había entendido lo que Greg quería de ella, sí, él quería que creciera desde dentro, así vería su verdadero resurgir, desde su interior y por ella. Solo que necesitaba un motivo lo suficientemente fuerte para darle el valor de querer cambiar la situación en la que estaba ahora su vida.

Pues ahora lo tenía, su familia era el motivo.

Por una vida soñada, por Un Mundo Nuevo, para una vida plena, feliz.

Nunca se sintió amada, lo que menos había sentido Mary en su vida había sido el amor, le faltó el amor de sus padres hacia ella de niña.

Una niña no debería sentirse jamás con falta de amor.

Esa sería, pues, su mayor grandeza, sería la Reina del Amor hacia ella y hacia el prójimo, si conseguía adentrarse en su interior, ella reinaría por su bondad y facilidad para dar amor.

No sería nada fácil. Sumaban muchos años de pensamientos equivocados.

Este viaje en busca de Un Mundo Nuevo, en realidad, era un viaje hacia su interior.

Bien sabía Greg lo que se hacía, por algo era él un gran guía.

CAPÍTULO 3

SARO, EL REGRESO

Ese día que se llevaron a Kun del lado de su madre, no fue un buen día para Greg, sabía el dolor que a ella le causaría despegarse de su hijo, pero tenía que ser así.

Él tenía plena confianza en ella y en su fuerza, sabía que podía lograrlo, pero necesitaba un motivo lo bastante fuerte para conseguirlo, su hijo lo sería, por él lucharía.

Viajaron los tres, Greg, Susana y Kun, de regreso a su tierra.

El viaje para ellos también fue más duro de lo normal, con el niño en brazos no era nada fácil avanzar rápido y Greg y Susana ya no eran tan jóvenes ni atletas.

Tenían que estar preparados para la llegada de Susana a Un Mundo Nuevo.

Nadie sabía nada, sería una sorpresa para todos, incluso para Drog. Él sería el más sorprendido, pero entendería perfectamente el modo de proceder de Greg. Ahora vería claramente por qué le dijo que esperara el momento.

Y ese momento había llegado.

Greg aprovecho el camino para poner al día a Susana.

—Susana, bien sabes que naciste en Un Mundo Nuevo, fui yo quien te trajo a estas tierras, no podía dejarte morir, el enlace fue nuestra salvación, la continuidad de tu linaje.

»En mis visiones y sueños veía a un gran rey reinar en nuestro mundo y ese rey era de nuestra sangre. Nuestro nieto, Susana. Todo lo hice con un gran fin, sufrimos todos, pagamos un alto precio, pero nunca dudé que valdría la pena.

»Mary es fuerte, pero todavía ella no lo sabe, necesita verlo con sus propios ojos. A partir de ahora volverás a ser quien siempre fuiste, no reinarás, pero serás tratada como lo que eres, la princesa Saro. Así te fuiste y así volverás. Susana se queda en estas tierras para siempre, desde hoy y para el resto de tu vida eres y serás Saro.

Sí, Susana, lo había visto claramente en sus sueños, que eran revelaciones, sabía de dónde procedía y quién era ella realmente. Se llamaba Saro, le gustaba su nombre.

Y después de tantos años viviendo en su tierra, sabía que tampoco, al igual que Mary, la iba a echar de menos, tal vez fue ella que nunca se hizo a sus gentes, tal vez era por su vida de infelicidad. El caso es que la dejaba atrás y se sentía feliz por hacerlo, atrás quedaba su vida, un futuro mejor la esperaba, lo presentía.

Miraba a su nieto y se sentía feliz por él, se criaría en Un Mundo Nuevo, él sería feliz.

El niño sonreía, ajeno a todo, pero parecía que supiera cuál iba a ser su destino.

Greg la observaba discretamente, era muy sutil.

Se despertaban en él antiguos sentimientos que tal vez nunca habían muerto. Le gustaba esa sensación, había olvidado lo que era, parecía que en estos días había rejuvenecido.

Él también había sufrido mucho durante estos años, había llegado el momento de ser feliz, se lo había ganado.

Toda su vida la había vivido por los demás, era hora de vivir por él. Tendría que aprender.

Saro se sentía nerviosa, aunque lo estaba deseando y quería volver a su tierra, era ya un mundo desconocido para ella, recordaba vagamente los días allí vividos y temía no ser aceptada de nuevo.

—Greg ¿cómo se van a tomar nuestro regreso?, ¿nos aceptarán así sin más?

Esto era algo que ni él mismo sabía, no iba a ser fácil, de eso estaba seguro, pero la sangre de sus linajes estaba siempre por encima de todo y, además, era sangre de reyes.

—Saro, no te voy a mentir, no creo que sea fácil, nadie sabe de tu regreso, no saben siquiera que estás viva, tendremos que aclarar muchas cosas, pero no dudes, te aceptarán, confía, ten fe.

Ella también lo observaba, tampoco había olvidado.

Parecían pues dos jovenzuelos avergonzados, incluso rehuyendo sus miradas, pero se sentían vivos, estaban felices.

Había una posibilidad, el amor no tenía edad, pero todo a su debido tiempo, ahora debían poner las cosas en su sitio, todo tenía que estar en su lugar.

La vida les daba otra oportunidad, no pensaban dejarla escapar, esta vez no. Pero todo llegaría en su momento.

CAPÍTULO 4

ESPERANDO EL REGRESO

Drog no podía más con sus nervios, mira que él sabía que podía confiar ciegamente en Greg, pero esta vez había sido demasiado precavido, no le había contado absolutamente nada de lo que estaba pasando.

¿Acaso no confiaba en él?, pensaba Drog atacado por los nervios.

Únicamente le había dicho que tenía que partir, visitaría la tierra de Mary y le traería buenas nuevas.

Llevaba días esperando y no aparecía nadie, nunca había estado tan impaciente por algo y eso que verdaderamente no tenía ni idea de lo que Greg le traía.

Su madre estaba muy tranquila, también era algo que le extrañó pues, días atrás, había querido casarlo rápidamente y ahora había cambiado de opinión así, sin más, o ¿estaría esperando el regreso de Greg para actuar?

No sabía nada y en su mente se acumulaban todas las posibilidades que por su cabeza pasaban.

Esto no era lo que Greg le había enseñado, se estaba dejando llevar por lo negativo, pero era verdaderamente frustrante la espera.

Mary… cómo la añoraba. ¿Habría alguna posibilidad que él pudiera estar de nuevo con ella? La echaba mucho de menos y deseaba tanto sentir sus besos, sus abrazos, era una necesidad sentirla.

Se mantenía quieto porque así se lo había pedido su consejero, pero no eran esos sus deseos. Deseaba correr a buscarla, saltarse todas las leyes y traerla a Un Mundo Nuevo con él para así poder reinar juntos.

Pero Mary no podría pasar el enlace, esto era un sueño demasiado grande, tal vez tenía que ser más realista esta vez, no conocía modo alguno de que ella pudiera cruzar. Pero Greg… tal vez él sí. Le había pedido que confiara en él, buscaría la manera, sabía bien cuáles eran sus deseos y lo ayudaría.

Qué extraño se sentía Drog, era realmente un gran guerrero y en estos momentos se veía desarmado, tan inútil, quería poder hacer algo para avanzar, pero no tenía modo alguno de hacerlo. Ahora de nada le servían todos los años de experiencia en las luchas, tenía que hacer uso de las enseñanzas de su consejero. En estos momentos la calma y la confianza serían sus aliadas.

—No le hagas caso a tu mente, Drog, debes atender a tu corazón, actuar con calma y centrarte en tus deseos del alma.

Estas palabras se las había repetido Greg una infinidad de veces. Él mismo lo había aplicado a su vida, pero ahora no sabía qué le pasaba, le costaba centrarse, estaba más vulnerable.

Mi corazón está con ella ahora y mi mente también, los deseos de mente y alma son los mismos, pero la mente no me deja ser razonable o ¿es el corazón el que no atiende?, nada sabía él ya. Estaba verdaderamente enamorado.

Su hermano Trec no había bajado la guardia en ningún momento, seguía expectante y sabía que algo se estaba tramando en el reino. Llevaba semanas esperando el enlace de Drog, pero ahora todo estaba parado, mucha calma de repente.

¿Qué estaban tramando?, tenía que enterarse, tenían que avanzarse a las circunstancias.

A él lo conocían todos, nadie confiaba en él, era bien difícil que se enterara de los secretos del reino y su madre que era la única que en estos momentos sabía algo y no iba a contarle absolutamente nada, no habría forma de que se enterara.

Pero él seguía expectante, buscando su momento sin darse cuenta de que la vida le pasaba y no sacaba nada de provecho, viviendo en vida ajena, perdía la oportunidad de crear su propia vida.

Su objetivo, estaba claro. Era quitarle el trono a Drog, en esto se había él ofuscado.

Si supiera lo que venía de camino. Jamás habría él imaginado que el próximo rey ya había nacido y, además, este sería rey de reyes.

CAPÍTULO 5

SOMOS NOSOTROS NUESTRAS PIEDRAS

Mary no era consciente de dónde se había metido, estaba ella sumida en sus pensamientos y no se había dado cuenta de que había anochecido, seguía caminando río abajo, pero no buscaba soluciones, solo pensaba en sus cosas, en su interior y allí afuera la vida seguía.

Claro que estaba bien que descubriera lo que había dentro y lo sacara, pero… ¡despierta chiquilla, que está anocheciendo y estás sola!

No, no había pensado en lo peligroso de su aventura, pensaba que una cama la esperaría y la mesa con su comida. Pensaba tal vez que habría cuatro paredes, cuando decidiera parar, para refugiarse, no se trataba de andar y buscar un camino, nunca había salido más allá del río, nunca había visto

peligro alguno, solo a John, que era bastante. Pero no tenía nada que ver con lo que ahora le venía.

Cuando quiso darse cuenta había anochecido, empezaba a hacer frío, se sentía cansada, es como si todo le hubiera venido de repente.

Tenía que parar, pensar.

Miró a su alrededor, estaba muy oscuro, era una noche muy cerrada. Se oían ruidos, empezó a tener miedo, estaba sola, se sentía desprotegida.

Poco a poco fue tomando consciencia, estaba en medio de la nada sola, desprotegida, tenía frío, estaba cansada y hambrienta.

Por lo menos llevaba algo de comida.

¡Qué inconsciente había sido!

Ahora lo pensaba, había salido para no volver y no pensó en los peligros que la esperaban.

Se estaba asustando por momentos.

—¡No voy a poder!, ¡no podré sola!

Se repetía una y otra vez y entró en un estado de nervios que se apoderó de ella.

Empezó a llorar desconsolada presa de la impotencia.

—¿Dónde creías que ibas, Mary?, jamás has salido de ese pueblucho y ahora te creías la más valiente y fuerte de las mujeres. Estúpida, jamás lograrás llegar a Un Mundo Nuevo.

Su mente le repetía estas palabras constantemente.

Se derrumbó por completo, estaba vencida.

La habían dejado sola, sin ninguna ayuda, sin ninguna señal hacia donde partir.

Gritaba ahora de impotencia.

—¿Qué os creéis que soy?, ¿cómo podéis dejar que haga el camino sola? A nadie le importo. Y mi hijo, se han llevado a mi hijo, no lo volveré a ver.

Ya no había consuelo para ella, estaba aterrada.

La noche era oscura, pero no más de lo oscura que veía Mary ahora su vida.

La noche era fría, pero no más de lo frío que sentía Mary ahora su corazón.

La pena la invadía y perdía las fuerzas.

—Qué injusta es la vida. ¿Por qué a mí?, ¿por qué me pasa esto a mí? Y tú, mamá, me has abandonado, no has dudado en marcharte y dejarme sola. ¡Os odio a todos!

No entendía nada. De noche todo se ve tan oscuro…

Los echaba a todos de menos. Y su hijo ¿dónde estaría?, a su madre, a Drog y su padre. ¿No tenía él que protegerla?, ¿dónde estaba ahora esa protección?

Se sentía tan mal que empezó a echar de menos hasta su cama del odiado hostal. Verdaderamente estaba abatida.

¿Cómo podía haber confiado Greg en ella?

Si no se sentía capaz ni de pasar una sola noche fuera de casa. ¿Cómo podía haber esperado Greg tanto de ella?

Si no se sentía capaz ni de avanzar un paso más.

Estaba equivocado, no sería reina ni reinaría en Un Mundo Nuevo.

No quería luchar, quería quedarse ahí quieta, no despertar.

No era tan valiente ni tan distinta, no era lo que esperaban de ella, así se sentía.

No había sido capaz ni de pasar una sola noche, qué derrota tan grande.

Qué mal se sentía. Se le encogía el alma.

Se había derrotado ella solita y su alma lloraba por la cobardía de haberse dado por vencida.

CAPÍTULO 6

VOLVEMOS A TROPEZAR UNA Y OTRA VEZ

Al dejar a John y a su pueblo, su vida en general, atrás, ella había pensado que todo estaba echo, que ahora venía lo bueno. Bien se lo merecía, pensaba ella con gran convicción.

Pero la vida a veces nos da aquello que más tememos o aquello que no queremos.

Huía de su vida anterior, sabiendo con gran seguridad aquello que no quería. Pero se olvidaba de pensar con esa misma seguridad aquello que sí deseaba.

Se quedó desfallecida en el suelo, rota, se durmió de agotamiento y de impotencia.

Amanecía ya por el este del río y los primeros rayos de sol la despertaron a un nuevo día.

Malditas las ganas que tenía de despertar. Le vino a la cabeza su hijo, pensaba en él y en la falta que le hacía entre sus brazos.

Se acercó a la orilla del río, metió la mano en el agua, estaba muy fría. Se lavó la cara, tenía que reaccionar.

Miraba al horizonte, perdida, se encontraba verdaderamente perdida, no veía la forma de por dónde empezar.

¿Cuál era el camino?, ¿hacia dónde debía dirigirse?

Le dolía todo el cuerpo, había dormido poco y mal, no se aventuraba un buen día para Mary.

Seguía sin aparecer ninguna señal, estaba casi segura de que se habían olvidado de ella.

Le volvieron a inundar las dudas, qué sola se sentía.

Comió algo, no llevaba mucho, tampoco había sido previsora en eso. La comida le dio un poco de fuerzas.

Tenía que moverse, debía hacerlo. ¿Pero hacia dónde?

—Dios, solo te pido una señal, de verdad que yo haré el resto del camino, pero dame algo, por pequeño que sea, dame algo para orientarme.

Se le desgarraba el alma, tenía el corazón encogido. Su suplica era desde lo más profundo de su ser.

Mary tenía un gran problema.

A contracorriente, se estaba alejando, no era ese el camino, debía cruzar el río. Pensaba.

Sí, lo había decidido, algo se lo decía, cruzaría el río.

Debía buscar la manera de hacerlo, tenía que construir algo, como fuese, que la llevara al otro lado del río.

Se colocó el pequeño fardo en la espalda y se adentró en el bosque, nunca había estado ahí, quedaba ya muy lejos de su casa, todo era ahora nuevo para ella.

Se metió entre la maleza y avanzó, necesitaba encontrar el modo de construir una balsa, buscaba madera, algún tronco, algo que flotara para así poder construir su pase hacia su nueva vida.

Qué rabia sentía por dentro.

Ni ella sabía por dónde empezar ni la naturaleza estaba de su parte. Llevaba su vestido, sus ropas habituales, y tal como iba, adentrándose en el bosque, le era más difícil avanzar. Las ropas se le enganchaban a los arbustos, se le rasgaban todos los bajos del vestido, cosa que no le importaba, solo que era muy incómodo caminar así, la hacía más lenta todavía de lo que ya era ella.

Esta vez no se lamentó tanto, se sentó en el suelo y, de un fuerte tirón, rasgo totalmente su vestido, de nada le servía. Se quedó con la enagua, no le importaba, así andaban los hombres, ella también podría hacerlo, necesitaba soltura.

Cuán criticada habría sido por esto en su pueblo. Le hizo sonreír este pensamiento.

—¡Qué les den a todos! —pensó—. Que vengan ellos aquí, que lo vivan en sus carnes, a ver así cómo lo hacen.

Bien Mary, buena decisión.

Podía caminar un poco mejor, pero seguía moviéndose torpemente por falta de costumbre. Nunca la habían llevado entre algodones, pero tampoco había tenido que trabajar entre la maleza ni desenvolverse entre ella.

Levantó la vista un momento para intentar situarse, estaba todo muy espeso, pero, desde lo lejos, en medio del bosque a escondidas se divisaba una columna de humo.

Había señales de vida, alguien habitaba por la zona. Se alegró, pero tenía que ser prudente.

Se acercó despacio, intentando no hacer ruido, cosa que conseguía a duras penas.

Cada rama que pisaba crujía fuertemente, parecía como si quisieran descubrirla. Apretaba los dientes con fuerza, sería descubierta si no era más cuidadosa.

Entre los árboles podía ver una pequeña cabaña, era muy modesta, no tenía más que cuatro paredes y un techo que la cubría, era toda de madera, por eso casi ni se distinguía entre los árboles.

Cuánto habría dado la noche anterior por ella, por dormir bajo ese techo.

Se dio cuenta que en su vida nunca había tenido lujo alguno, pero era más de lo que otros tenían, más de lo que ahora tenía ella misma.

Nunca lo había visto de esa manera, se había sentido más bien desdichada por las carencias que tenía en su vida.

Se metió despacio entre las ramas, ya estaba muy cerca de la casa, olía al humo de la chimenea. No había nadie o eso parecía, se quedó quieta, observando los alrededores, quería asegurarse de que no había peligro alguno.

Se oyó un crujido fuerte detrás de ella, fue muy repentino y un fuerte golpe la dejo tendida en el suelo, inconsciente.

No tuvo tiempo de reaccionar, no supo de dónde le venía, cayó sin más, tendida en el suelo de ese bosque frío a merced de quien fuera que la había golpeado.

Perdió de vista el mundo. Se desvaneció.

CAPÍTULO 7

EL ENLACE, ABRIENDO MUNDOS

Cruzaron sin ningún problema los tres el enlace, habían llegado al fin.

Les esperaba todavía un largo camino hacia su nueva casa. Saro estaba nerviosa, no sabía si sería aceptada, tal vez no quisieran su retorno. Habían pasado tantos años… había cambiado todo tanto desde entonces.

El niño era un sol, dormía casi todo el día y lo alimentaban con unos preparados que Greg había elaborado. No daba ningún problema.

Bajaron los tres por la Montaña Sagrada y llegaron a la ciudad ya anocheciendo. Mucho mejor, pensó Greg, la gente estaba recogida en sus casas, ya habría tiempo de dar explicaciones, no era el momento.

Fueron directos a palacio, estaban cansados, pero les esperaban todavía algunas horas de desvelo.

Tendría que explicar a Drog y su madre qué estaba pasando, quiénes eran Saro y Kun y de dónde provenían.

Drog los vio a lo lejos. Bajó corriendo a recibir a Greg, quería saber, estaba impaciente, parecía un niño inquieto.

Drog se percató de que iba acompañado, era una mujer, parecía más joven que Greg, llevaba ella un bulto en sus brazos. No sabía que sería, mejor comprobarlo de cerca.

Corrió a su encuentro. Greg notó enseguida su impaciencia y antes que Drog hablara, él le dijo:

—Cálmate, Drog, entremos a palacio, allí hablaremos con calma, hay mucho que contar.

Se hacía de rogar el consejero, pensó Drog.

—Pero Mary ¿qué sabes de ella?, cuéntame, por favor te lo pido. ¿No ves que me tienes en ascuas? Muero por dentro, Greg, dime algo.

Saro enseguida supo sin que nadie se lo dijera que se trataba de Drog, el amado de su hija. Le encantó ver la preocupación que sentía por Mary, él también la amaba, se le notaba. Saro sintió felicidad por su hija.

Volvió a repetirle su consejero, con rostro serio, quería que se contuviera, Drog parecía ahora un niño.

—Drog, te he dicho que dentro.

Bueno, no tenía más remedio que esperar, bien conocía a Greg, no hablaría. Miró a la mujer, todavía no lo había hecho, y lo que entre sus brazos llevaba era un bebé.

¿De dónde había salido este niño? Y, por cierto ¿cómo habían cruzado el enlace? La espera se le hacía eterna. Tanta intriga lo estaba matando.

Una vez dentro el consejero mando a llamar a Wona, con una vez para explicar las cosas sería suficiente, tenía que saberlo ella también, cuanto antes. Los reuniría a los dos y se explicaría.

Acomodaron al niño en sus aposentos, llamaron a una muchacha para que se ocupara de él. Mandó que buscaran a una criada para que lo alimentara y llevó a Saro a sus habitaciones.

—Báñate y arréglate, ahí tienes todo lo necesario, vamos a hablar con Wona y con Drog, tenemos que estar presentables para los reyes.

Saro estaba maravillada, el palacio era verdaderamente lujoso, había todo lujo de detalles. Algunas cosas, extrañamente, le resultaban familiares.

En el centro de la habitación había una gran bañera y una sirvienta la esperaba. Saro no sabía muy bien cómo actuar.

La chica le preguntó si necesitaba ayuda para quitarse las ropas.

—No, gracias, lo haré yo.

Supo pues que ella estaba allí para servirla. Qué rara se sentía.

Se desnudó, se dejó hacer, estaba agotada, le sentaría bien ese baño.

El agua olía a rosas y a flores frescas, se sentía como una verdadera reina, tan relajada, tan mimada.

De repente le invadió la culpa. ¿dónde estaría Mary?, ¿estaría bien? Fue de repente, como un latigazo, un escalofrío le recorrió todo el cuerpo, algo no iba bien, lo sabía.

Salió del agua, rápidamente, tenía que hablar con Greg. Mary necesitaba ayuda.

La chica la esperaba con su nuevo vestido, era de reina, tal vez demasiado para ella, tal vez no merecía ella este lugar que se le estaba dando. Apareció esa lucha interior de lo que quería, pero parecía que no se merecía. El malestar invadió el cuerpo de Saro.

Se sentía culpable, debió quedarse con ella. No podía disfrutar de esos lujos sin saber qué era de ella.

Ya no le parecía todo tan hermoso a su alrededor, sí, lo era, pero pensó que no lo merecía. Su ánimo cayó por los suelos. Demasiadas emociones en tan poco tiempo.

La mente le jugaba malas pasadas, era más fuerte que sus deseos, se dejó vencer por ella. La vistieron y la peinaron, nada quedaba de la Susana que allí había llegado.

Pero eso solo era en apariencia, su interior estaba lleno de los mismos miedos que la habían condicionado toda su vida.

CAPÍTULO 8

ÉL NO TE ABANDONA, CONFÍA

No es eso lo que ella sentía, ni pizca de confianza tenía, ni en ella, ni en su futuro, ni en que podría lograr absolutamente nada.

Un fuerte dolor le impedía mover la cabeza, parecía que le fuera a estallar, estaba inmóvil, acostada en el suelo, sola al parecer.

Tenía que levantarse, pero no podía. Se arrastró levemente, se tocó la cabeza y notó que había sangrado, pero la herida parecía que alguien se la había curado.

Se inclinó un poco y vio que estaba en el interior de la cabaña, se asustó. ¿Quién sería el que hasta allí la había arrastrado?

—¿Hay alguien? —Apenas le salía un hilo de voz, pero nadie contesto.

Cerró los ojos, no podía hacer más en estos momentos.

Valiente reina, pensó Mary desmoralizada. Y se desvaneció.

—Tu mente es tu peor enemiga, cada vez que crees que no lo vas a conseguir estás a un paso más de no hacerlo. Decidiste un día luchar por tus sueños y al menor bache del camino, te das por vencida, lograrás todo aquello por lo que estés dispuesta a luchar, ni más ni menos.

Joder, con perdón, eso le tocaba el alma. Quería luchar, quería de verdad hacerlo, pero se sentía tan perdida, no sabía por dónde empezar. ¿Cuál era el camino? Solo pedía una mísera señal.

—¡Una señal! yo haré el resto —suplicaba ahora desde el corazón, Mary, con desespero.

Se le concedería.

—Voy a ser tu guía, siempre y cuando tú me dejes solo tienes que hacerme caso a mí y olvidar a tu mente. Lo que pides te será dado, aprovéchalo al máximo, tal vez no vuelvas a saber de mí, depende solo de ti.

Despertó. Le había hablado claro. Despertó del sueño y despertó algo en su interior.

—Si ellos consiguen ir y venir de Un Mundo Nuevo, yo también voy a poder, no debe ser tan difícil, encontraré el camino.

Algo de luz aparecía en su vida, una luz tenue, pero se acogería a ella.

Y tal parecía, como si sus pensamientos y la vida se unieran, abrió los ojos y en esa misma cabaña que había estado durante horas, encontró la señal que tanto buscaba.

Encima de la mesa un antiguo libro, con unas escrituras que parecían llamarla para que las leyera, así decía:

"EL CAMINO EN VERDAD NO IMPORTA, IMPORTA LO ANDADO, EN LA UNIÓN DEL ALMA Y LA MENTE SE ENLAZAN LOS CAMINOS".

No sabía bien lo que significaba, pero hablaba de enlace, lo encontraría.

Miró en la cabaña, buscaba algo que le pudiera servir. Por extraño que pudiera parecer, encima de la mesa había un medallón con un símbolo.

Era un río, faltaba una mitad, sintió la necesidad de cogerla, se la colgó en el cuello.

¿Qué era la otra mitad que faltaba? Era algo importante en su vida, lo sabía.

Y esa voz, la había oído, la ayudaría si ella quisiera, le había dicho.

¡Claro que quería!, lo necesitaba.

La cabaña parecía deshabitada, no había ya ni humo ni nada que le hiciera parecer que allí alguien vivía. Pero su herida… alguien la había curado y alguien la había golpeado, otro misterio más en su vida.

Parecía todo tan irreal.

Salió al exterior de la casa, era un día frío, pero soleado.

Volvería por el mismo sitio que había venido, regresaría al río.

Se encaminó dispuesta a encontrar la señal que la llevaría a su destino.

El medallón llevaba un río y ella sentía algo especial en el río, regresaría allí y esta vez, más serena, vería el camino.

Había empezado a andar hacia el río, escuchó entonces un ruido que provenía de la parte de atrás de la casa.

Sintió mucha curiosidad, alguien la había curado, quería saber quién era, tal vez sería la misma persona que hacia los ruidos.

Rodeo la casa en silencio. No veía nada. Pero seguía escuchando unos leves ruidos. Caminó un poco más, era en dirección contraria al río, no le importó, quería saber qué o quién estaba allí.

Mary no era nada silenciosa y, al escucharla, algo se movió rápidamente y desapareció de su vista, no llegó a ver nada, solo una sombra que corría a esconderse de ella.

Mary no se conformaba, ahora sí estaba intrigada, quería saber quién era, agradecerle al menos su ayuda.

Regresó a la casa, sabía que fuera quien fuera no saldría si ella no se marchaba, decidió esperar dentro. Se metió en ella

y se sentó, esperaría, algo en su interior se lo decía, se dejaba guiar por su intuición.

Fuera quien fuera, podía ayudarla. Tenía ese presentimiento, tampoco es que hubiera más opciones.

CAPÍTULO 9

DESCUBRIMIENTOS

Ojeó el libro que había visto encima de la mesa, estaba cerrado, ella juraría que lo había dejado abierto tal y como se lo había encontrado. Qué o quién lo había cerrado, era grande y pesado.

Giró sus páginas, lentamente, estaba escrito de manera que no podía entender, era un idioma diferente.

Buscaba de nuevo las palabras que ella había leído antes y no aparecían en ningún sitio del libro, no al menos en su idioma.

¿Cómo era eso posible? Estaba segura, lo había leído hacía unos minutos, además claramente.

Se fijó ahora en sus dibujos, había imágenes de agua, mucha agua en fuentes y ríos. Se tocó el medallón instintivamente, al momento en su mente vio una imagen clara.

Una estrella con mucha luz, de los colores del arcoíris, se abría ante sus ojos.

Cerró el libro de golpe, estaba impresionada, había sido tan real.

43

¿Qué estaba pasando, qué era eso que ahora sentía y esa luz?, ¿qué era eso exactamente?

Acarició las tapas del libro, le atraía mucho, sentía una fuerte atracción hacia él, se notaba que era mágico.

Entonces levantó la vista y lo vio.

Una sombra asomarse por la pequeña ventana de la cabaña.

—No te asustes —le dijo—. Necesito tu ayuda, no voy a hacerte daño, ven.

Se movió y rodeo la casa y apareció por la puerta, inseguro.

Mary lo miró sorprendida ¿qué era exactamente?

Intento disimular su asombro, no quería asustarlo.

—Pasa, por favor, yo soy Mary, necesito alguna explicación.

Ella le hablaba despacio, con calma.

Pasó, entró en la casa, no estaba muy convencido, aunque la esperaba. Mary le desprendía amor, mucho amor, decidió confiar en ella. Sería ella, seguro, llevaba un tiempo esperando.

No había visto a ningún humano jamás, no había estado con nadie que no fuera de su mundo de fantasía, desde hacía años, desde que era un niño, vivía en su mundo solo con sus cosas, se apañaba bien, tenía sus obligaciones y cumplía con ellas a la perfección.

Esta vez había sido claro, debes ayudar a Mary, esa era la orden, cumpliría, pues, con su misión. Siempre lo hacía.

—Mi nombre es Rufos —dijo él tímidamente.

Mary le parecía muy guapa, quedó sorprendido con su belleza, por eso no se atrevía a entrar, ella le imponía, se sintió diferente por primera vez en su vida, incluso pequeño.

En su libro había visto imágenes de mujeres, pero ella estaba ahí y era de carne y hueso, parecía una diosa. Mary le producía mucha inseguridad, se ruborizó, cuando ella le habló.

—Hola, Rufos, yo soy Mary —le repitió, parecía que no la entendía—. Necesito ayuda, como te he dicho antes, estoy verdaderamente perdida.

Ella no quería demostrar que también estaba asustada y que el aspecto de él no le ayudaba.

Continuó.

—He visto tu libro, me parece muy extraño, no entiendo nada de lo que está escrito, sin embargo, antes sí que entendí unas frases, ahora ya no están, hay algo que sus páginas han querido decirme, pero tampoco sé qué significa exactamente.

Eso sí podía explicárselo, se conocía su libro de cabo a rabo, lo había leído cientos de veces.

—Mi libro es mágico, da señales a quien las necesita, pero solo a personas con un gran corazón. Si has podido leerlo, ahora sé que no me equivocaba, eres quien yo esperaba y desprendes mucho amor. Estoy aquí para ayudarte —se atrevió a decirle.

—Pero ¿qué idioma es?, no puedo entenderlo ¿por qué ha cambiado lo que ponía en sus páginas?

—¡Claro que no! —exclamo él muy seguro—. Si tú pudieras entenderlo, también lo harían otras personas, este libro es sagrado, solo pueden entender lo que en él pone las personas que tengan un buen fin. Los destinos aquí escritos son para hacer el bien, en unas malas manos se haría el mal, habría mucho en juego.

Ahora sí que estaba perdida, no entendía de qué hablaba, pero ya nada le parecía imposible, había visto cosas muy diferentes y extrañas últimamente, ahora sabía que ya todo era posible, tenía que abrir su mente y así entendería más rápidamente.

—Rufos ¿de dónde eres tú? —se atrevió Mary a preguntar.

Él hizo una breve pausa antes de responder, tenía que ser discreto.

—Yo, Mary, no soy de ningún sitio y, sin embargo, pertenezco a muchos lugares.

Quería entender, pero no lo hacía, calló por no atosigarlo, necesitaba que confiara en ella.

—Me han golpeado, pero también me han curado, no sé bien qué ha pasado, he despertado aquí, en tu casa.

—Fui yo, quien te golpeo primero y quien te curo, después. Me asusté, no sabía quién eras y te vi vigilando mi casa. Lo siento mucho, no quise hacerte daño, después te llevé aquí, alguien me lo dijo.

Era tiempo de aclarar algunas cosas, se lo explicaría, pero primero tenía que contarle quién había venido a ser ella. Debía asegurarse de que llegara donde era su destino, sabiendo bien quién iba a ser y la importancia de su evolución por el camino que le quedaba por recorrer.

CAPÍTULO 18

RELACIONES

Saro se sentía muy mal, estaba segura de que Mary no estaba bien.

Acudió rápidamente en busca de Greg, tenía que hablar con él antes de que se reuniera con Drog y Wona.

Lo abarcó y escupió las palabras sin casi respirar entre ellas.

—Greg, sé bien que Mary no está bien, me siento muy mal, estoy disfrutando de estos lujos y ella, seguro, se siente sola y desvalida. Tengo un mal presentimiento, no puedo seguir aquí, mi deber es ayudar a mi hija, estar con ella.

Greg imaginaba que esto sucedería, lo estaba esperando. Despegarse de su hija no había sido fácil para Saro, pero la situación no le había dejado pensar, había actuado sin más, pero ahora que ya se había relajado, venían los miedos y las culpas.

—Saro, tu hija ha de pasar sola lo que está pasando. Tienes razón, ahora no está muy bien, pero si lo consigue lo estará. Amar también es no hacer por el otro lo que debe de hacer por sí mismo. La ayudas dejándola crecer, déjale su espacio, confía en ella.

»Tu deber ahora es vivir tu vida y crecer para ti, ocúpate de ti. Debes saber que sufrir por ella no la va a ayudar, sin embargo, tu confianza sí. Saro, debes confiar en ella y en que esto es lo mejor, por eso lo hacemos así, no hay otro modo. Kun también te necesita y está aquí contigo. Vayamos, pues, ahora a conocer al resto de tu familia.

Y así dio por zanjado el tema, Saro debía confiar en sus palabras, tenía que aprender mucho.

Escucharía al consejero, Greg sabía cómo hacerlo.

Les ocupaban ahora otros asuntos. Tenía que explicar algunas cosas y lo estaban esperando.

Entraron en un gran salón, en cada sala que entraban a Saro le parecía que se superaba en belleza, pero esta era la mejor, hasta ahora, de todas las que había visto.

Al fondo estaba el trono, era fantástico, rodeado de mucho lujo, parecía salido de un cuento de hadas. Era algo mágico, digno de un gran rey, de Un Mundo Mágico.

Estaba nerviosa, mucho, además. Wona fue su amiga en la infancia, la recordaba vagamente de niña ¿la aceptaría de nuevo? No sabía qué pensarían de ella, como verían su llegada.

Los miedos la inundaban.

Greg, notando su nerviosismo, en un acto de cariño hacia ella, le dio la mano, se la apretó suavemente, mientras le decía:

—Todo saldrá bien.

Estaban todavía los dos solos, Saro se ruborizó, qué sensación más extraña y agradable a la vez había sentido. Él conseguía tranquilizarla mucho, tenía algo muy especial y ella conectaba muy bien con él. Estaba claro, se sentían atraídos y

había algo más, se notaba en sus miradas, pero de momento se contenían, dejarían para más adelante sus sentimientos.

Se abrieron las puertas del gran salón de repente, aparecía un torbellino.

Se soltaron las manos rápidamente, fue instintivo.

Era Drog impaciente, tenía muchas ganas de saber, no entendía a qué venía tanto misterio. Esperaría, debía comportarse, pero se le hacía difícil.

Saludó a Greg y a Saro, todavía no habían sido presentados.

—Drog, te presento a Saro —dijo el consejero.

A Drog le parecía familiar el nombre, pero no lo relacionó, no tenía la cabeza muy serena.

Inmediatamente, y muy apresurada, llegaba Wona, estaba bellísima. Qué bien le había sentado el paso de los años, eso le pareció a Saro, sintió una gran admiración por ella.

Lucía como lo que era, una reina.

Wona la miro, directamente. Ella se sintió pequeña, sin embargo, y olvidando por un momento los protocolos de cortesía, Wona se acercó a ella y se fundieron en un gran abrazo. Era también una gran persona.

—Saro, estoy encantada de volver a verte.

Y como si el tiempo no hubiera pasado, Saro se sintió como en casa, segura, había perdido su miedo.

Drog era ahora el sorprendido ¿se conocían?

No pudo más, esto lo sobrepasó, necesitaba una explicación y la necesitaba ya.

—Madre, es un placer verte. Pero ¿alguien puede decirme de una vez qué diablos pasa aquí? Me tenéis en ascuas y por lo visto soy el único que no se entera de nada.

Wona le explicó que Saro era hija de Mirasa y todo lo sucedido con ella y dónde había estado todo el tiempo, tal y como se lo había contado a ella Greg.

Hablaba ahora Greg.

—Saro es de aquí, lleva nuestra sangre, es por eso que ha podido entrar en nuestro mundo.

Empezaba a entender las cosas, pero quería saber de Mary ¿dónde estaba ella?, ¿estaba bien?

Se impacientaba por momentos, era un montón de nervios.

—Sentémonos y os contaré lo sucedido —dijo Greg.

Llamó a una sirvienta y le susurró algo al oído, esta salió rápidamente del salón después de recibir las instrucciones que él le había dado.

—Saro es la madre de Mary, Drog —lo dijo directamente.

Un rayo de esperanza se le vislumbró a Drog, Mary también tenía nuestra sangre, pero no toda, pensaba con rapidez.

—Sí, tal como estás pensando, ella lleva nuestra sangre, pero ya sabes que no es suficiente para cruzar el enlace, necesitaría que su padre fuera de este mundo también para vivir aquí con nosotros, para cruzar el enlace.

Por eso no la habían traído, por eso no estaba con ellos, pensó Drog. Mary no podía cruzar. Se derrumbó.

Greg lo conocía, leía casi sus pensamientos.

—Pero ya me ocupé yo de eso, Drog, Mary es también mi hija.

Drog soltó una exclamación de alegría.

—Gracias a Dios —dijo.

Entonces ella podía vivir aquí, además era reina. Nieta de la reina Mirasa. La alegría lo desbordó, no salía de su asombro, todo este tiempo padeciendo por nada, había posibilidad, viviría con su amada. Miles de pensamientos lo inundaron. Estaba eufórico.

—Iremos a por ella, la traeremos a su mundo, pertenece aquí, reinaremos juntos. No entiendo por qué me lo has ocultado todo este tiempo y tú, madre, también lo sabías, lo sé. Pero estoy tan feliz que nada me importa.

Se acercó a Saro y le hizo una gran reverencia.

—Es un placer conocerla, señora, ha de saber que amo a su hija con todas mis fuerzas. No he amado a nadie así en mi vida.

Saro no tenía ninguna duda de lo que él decía, lo supo nada más verlo. Su impaciencia lo delataba, era un hombre enamorado.

CAPÍTULO 11

MÁS REVELACIONES

—Cálmate, Drog —le dijo el consejero—. Debes escuchar, atiende lo que voy a decir y entiéndelo. Mary debe hacer el viaje sola, si consigue llegar hasta aquí, será para ser la reina Aidil, solo podrá reinar cuando aprenda a ver más allá de lo que ella sabía. Ella no ha tenido la suerte de tener un consejero como tú, ha de crecer y ha de hacerlo sola. Bien sabes cómo es nuestro mundo, debe aprender lo que lleva dentro, conocerse a ella misma y su potencial y después reinará aquí contigo.

Bien sabía él lo que suponía ser rey, sabía de lo que hablaba, pero Mary sufriría sola en el camino, Greg tardó años en descubrir el enlace y meses en abrirlo, podría tardar años en regresar, si es que lo conseguía.

—Podemos enseñarla una vez esté aquí, como lo hiciste conmigo, aprenderá, seguro.

—Sabes bien que no es así, tienes que pensar a largo plazo, no tengas ansias de verla, el dolor de ahora será tu

recompensa del futuro. Sabes muy bien cómo funcionan las leyes, sabes bien cuál es el camino, no quieras acortarlo ahora solo por el placer inmediato. Ella es fuerte, pero no lo sabe, debe aprenderlo y debe hacerlo sola.

No se podía hacer a la idea, sería mucho más fácil ir a buscarla, traerla, después ya buscarían una solución para que aprendiera.

Pero bien lo sabía, lo fácil nunca era el camino, así se lo había enseñado Greg y él lo había comprobado toda su vida, lo sabía, pero le dolía.

—Hay más —dijo Greg—. Queda algo más que todavía no os hemos contado.

Se abrieron las puertas y entró la sirvienta que antes había estado, llevaba con ella al niño, lo cogió él en brazos y se acercó a ellos.

—Wona, Drog, os presento a Kun, futuro rey de reyes, hijo de Drog y de Aidil.

No podía creerlo, estaba soñando, su hijo y de Mary. Se acercó a él, era el niño más hermoso que había visto en su vida y era suyo y de su amada, y era fruto de su amor, estaba aquí con ellos.

Wona quedó igual de sorprendida, estaba feliz ella también, su hijo bien se lo merecía, sería un niño muy querido, esto se vio enseguida.

Saro estaba feliz, lo habían aceptado, a su nieto y a ella, esperarían juntos el regreso de su hija, lo conseguiría.

Drog no sabía si estar feliz o triste por Mary, parecía una montaña rusa de sensaciones, muchas cosas juntas.

Tenía que analizar con calma todo lo que allí acababa de pasar, todavía no sabía si era real o era un sueño.

Por otra parte, estaba muy feliz de tener un niño, su hijo y de Mary, Aidil ahora.

Le apenaba no haber estado con Mary durante los meses de embarazo, acompañarla, ayudarla, vivirlo con ella.

Kun, qué bien le sonaba su nombre, estaba seguro, sería un gran rey.

Wona se acercó a Saro, ella no sabía bien cómo actuar, todo le resultaba tan extraño.

—Te ayudaré —le dijo—, volverás a sentirte como en tu casa. Este es también tu mundo, estamos muy contentos de que hayas regresado, jamás deberías de haberte marchado, pero las circunstancias así lo decidieron. No importa ya nada de lo pasado, todo volverá a su sitio.

La volvió a abrazar, se sintió reconforta, parecía que había leído su pensamiento, sentía que eran ciertas sus palabras, notaba su afecto. Agradeció por esto, lo necesitaba.

—Estoy muy agradecida, Wona, para mí todo es nuevo, debo aprender mucho, casi olvidé quien era, os doy las gracias por aceptarme.

Drog también se acercó a ella, llevaba el niño en brazos, no quería dejarlo, le gustaba, quería estar con él, así se sentía cerca de Mary.

—Saro, lamento que Mary haya sufrido por mi culpa, no fue mi intención, nunca supe de este embarazo, de ser así no hubiera estado sola.

Bien lo sabían, por eso Greg calló el embarazo, no le hubieran hecho entrar en razón. Si con Mary ya les costaba, con un hijo en su vientre habría sido imposible.

—Todo está bien, tranquilo, Drog, Mary te ama con toda su alma y ama a su hijo, encontrará el camino. Regresará con los suyos.

Pasaron al comedor, la mesa estaba servida.

Saro no recordaba haber visto tanta comida en su vida y, a pesar de todo lo dicho, la culpa la volvió a invadir. Sería dura la espera, lo pasaría realmente mal.

—¿Cuánto tiempo crees que tardara Mary?, tú debes saberlo —le preguntó Drog a Greg.

Pero no lo podía saber en modo alguno, todo dependía de ella.

—En verdad que no lo sé, cuando se unan su alma y su mente, el camino se abrirá para ella, estará preparada entonces.

No cabía más que esperar, tendría que hacerlo. De momento pensaría con calma lo acontecido, ya vería después qué podía hacer él.

CAPÍTULO 12

REINA DEL AMOR

Rufos le explicaba a Mary lo que él sabía.

—En mi libro se habla de una reina, es la Reina del Amor y de las relaciones, no ha habido reino, ni habrá, que reine con tanta armonía, paz y amor que con el reinado de Aidil.

»Venía de tierras extrañas y traía consigo vivencias dolorosas, falta de amor y de cariño, anhelaba en su vida lo que no tenía, justo en eso sería la reina. Por eso sería llamada, con gran devoción por su pueblo, Reina del Amor.

»Era bella como ninguna, pero su mayor belleza venía de su interior, eso la hacía más bella por fuera. Tendría el amor pleno, aquel que tanto ella había soñado de niña.

»Destacaba por su fuerza y valentía, su mayor virtud era dar al prójimo sin esperar nada a cambio y es por eso que recibía el doble, el universo era agradecido con ella, le devolvía por duplicado su don.

Rufos le relataba así una de las historias que en su libro había.

Se levantó y se acercó a la mesa, cogió el libro y se acercó de nuevo al lado de ella, se sentó y lo abrió.

—Mira —le enseñó varias páginas vacías, no había absolutamente nada escrito—. Mi libro no habla de cómo consiguió esa reina ser tan amada. Hay caminos que uno debe recorrer por sí solo. Pero, lo más importante, sabemos que, si los recorremos, a pesar de los problemas, vendrán las bendiciones, esas están aseguradas, esperan por nosotros.

La observaba a ella, estaba estudiándola, sus reacciones, sus caras, el efecto que en ella hacía su historia.

Sí, se dio cuenta, se sentía identificada.

Entonces, él, ahora estaba seguro de que era ella, la reina de su libro.

—Debes ser tú, la conductora de tu vida, has de vivir tú ahora, lo que en el libro se escribirá. Llena las páginas que faltan de tu vida, lo demás te será dado por mérito propio.

Estupefacta la había dejado Rufos, sin palabras ¿sería cierto que el libro hablaba de ella?, ¿le estaría tomando el pelo?

No sabía ya qué pensar, la había animado, pero parecía todo tan irreal. Era casi como una fábula y ella se había metido en sus páginas.

Rufos vio la duda en su mirada, lo intuyó, le dijo algo más:

—Aidil, portadora de esperanza, corazón libre, entregada a los demás por los demás.

Esas palabras ella ya las había escuchado, Aidil era ella, le estaba hablando con la verdad, su verdad.

Le volvió a abrir el libro y le enseñó, esta vez, una imagen.

Era ella con Drog y su hijo, Kun, reinaban felices Un Mundo Nuevo.

No había duda, su destino estaba marcado.

Sonrió, estaba feliz, si esa era su vida, pasaría de cualquier modo, estaba escrito.

Pero Rufos era listo y le dijo:

—La imagen que en el libro has visto solo pasará si tú estás dispuesta a pagar el precio. Puede ser este tu final o que las páginas de tu historia se tornen en blanco, una vez más, te lo digo, tú, y solo tú, serás la conductora de tu vida.

Mary lo había entendido perfectamente, entendió también porque su padre, Greg, la había dejado sola en su viaje, quería lo mejor para ella, pero era ella quien tenía que ganárselo.

Seguía igual de perdida sin saber el camino, pero sabía que no estaba del todo sola. Había una fuerza que la protegía. Lucharía para escribir su vida, quería lo que había visto, lucharía por lo soñado.

Cerró el libro, la miró fijamente y dijo:

—Aidil, mi reina, en vos confió. —Dio media vuelta y desapareció de su vida, igual que había llegado.

Ella se quedó con la piel erizada y muy desconcertada, pero no dudó, había sido real.

Encontraría algo, si tenía confianza en sí misma y en su valía, lo haría.

Se levantó, volvió a mirar a su alrededor, despacio, inspeccionando el lugar con intención.

Era todo tan misterioso.

Se había marchado Rufos sin decirle quién era. Sin embargo, él sabía de su vida y quien era ella. No, no estaba sola, alguien la protegía.

Rufos había sido la señal que ella necesitaba.

Mary no era una niña cualquiera. Ahora ya estaba convencida.

TENTACIONES

Alma, mente, agua.

La cabaña de Rufos quedaba ahora atrás, si es que era suya, ya nada era imposible en la vida de Mary.

Había decidido que, si la gente confiaba en ella, no iba a defraudarlos. Todos habían puesto sus esperanzas en ella, por algo sería.

Empezó a sentir mucha hambre, llevaba algo de comida, pero si conseguía algo por el camino, podría guardar la que llevaba, por si la necesitaba en algún otro momento.

Las bayas del bosque habían perdido ya su esplendor, alguna más perezosa quedaba en algún arbusto, pero no era suficiente.

Tal vez si encontraba algún madroño o castaño.

Tenía en su mente ahora encontrar algo de comida, avanzaba despacio mirando entre los arbustos del bosque algo

que la pudiera alimentar, iba más bien despistada, sin fijarse en los peligros que la pudieran acechar.

Justo delante de ella había un madroño con sus frutos rojos y jugosos, se abalanzó a ellos. ¡Qué hambre tenía! Uno detrás de otro se los devoraba, estaban deliciosos.

Levantó un instante la vista, fue un parpadeo, y vio enfrente de ella, a escasos metros, un oso que buscaba al igual que ella alimento. Se quedó inmovilizada, la primera vez en su vida que veía un animal tan grande así de cerca.

El animal todavía no se había percatado de su presencia, pero lo haría, sin ninguna duda.

Mary no se movía ni un pelo, detectaría su olor en cualquier momento. Se giró, miró hacia la cabaña, no quedaba muy lejos, tal vez si corría fuerte la alcanzaría antes que él a ella.

Estaba aterrorizada, pero no había opción, correría más que en su vida.

Miró al oso. Él a ella, ahora sí la había visto. Se volteó y regresó como un relámpago hacia la cabaña. Corrió como nunca pensaba que podría hacerlo.

El oso hizo lo mismo, la miró y corrió tras ella igual de rápido o tal vez un poco más.

Estaba cerca, faltaban unos metros para llegar a la puerta y entonces, Mary cayó al suelo arrodillada, estaba perdida, se sintió rendida, pero, a sus pies, no se sabe cómo, se abrió una trampilla que la engulló rápidamente y desapareció de la faz de la tierra.

Se quedó el oso mirando el agujero, frustrado pero quieto, había perdido su comida, se había esfumado. Lanzó un gruñido que Mary pudo escuchar a lo lejos.

Pero ella ya no estaba ahí, rodaba por un túnel recubierto de tierra, impulsada por la pendiente que la iba arrastrando hacia abajo rápidamente. Se golpeaba continuamente por todo el cuerpo. Paró en seco, un fuerte golpe la dejo inconsciente, inmóvil. Había llegado a su destino, el final del trayecto.

Seguramente habrían pasado algunas horas desde su caída. Despertó, estaba aturdida, sentía un fuerte dolor de cabeza, le sangraba la misma herida de esa mañana.

Se inclinó lentamente, había descendido muchos metros, estaría en el infierno, pensó Mary.

Pero no. Debía ser el paraíso, a sus pies se abría Un Mundo Mágico, lleno de naturaleza y agua en abundancia. Había más agua de la que ella había visto en su vida, el río, su río, era un charco al lado de lo que sus ojos alcanzaban a ver. Se levantó maravillada, estaba estupefacta, ni en sueños había visto algo tan maravilloso, no sería real, no podía serlo.

Se levantó del suelo invadida por una gran curiosidad, no sentía ahora el dolor en su cuerpo, solo quería ver y regalarle a sus ojos aquello que se le había puesto a sus pies.

¿Dónde estaría?

Un Mundo Mágico se había abierto para ella.

Tenía que descubrirlo. Deseaba explorarlo.

Reinaba un gran silencio, estaba atardeciendo, la temperatura era muy agradable, ya no sentía el frío que había sentido en el otro lado del túnel. Era como si todo hubiese cambiado, ahora parecía todo más fácil, más hermoso.

Al otro lado, donde no estaba el agua, había árboles, muchos árboles de un verde espectacular con sus frutos, tentándola para que se los comiera. No pudo resistir a la tentación, se acercó y, del primero que se interpuso en su camino, arrancó una jugosa manzana roja.

Estaba deliciosa, no había comido manzana más sabrosa en su vida, se le resbalaba el jugo por sus comisuras, estaba disfrutando del festín.

Había toda clase de frutales, algunos ni ella misma conocía, se sentía como una reina en una especie de mundo mágico.

Allí ni sus pensamientos eran tan negativos, parecía que estuviera donde estuviera, la vida se hacía mucho más fácil.

CAPÍTULO 14

RUFOS

Rufos sabía bien quien era ella, no había aparecido en su vida por casualidad.

Sabía la importancia que Mary tenía en sus vidas, tenía que encontrar el modo de que ella lo viera.

Tampoco fue casualidad que ella viera el humo, ni que lo viera a él, estaba todo bien estudiado por Rufos y él estaba bien aleccionado.

El libro que Rufos le había enseñado a Mary hablaba de muchas más cosas que no le dijo a ella. No era todavía el momento, pero era mucho más que un libro.

El medallón que Mary se llevó también era mucho más que un medallón.

Era, todo junto, la vida de ellos, eran sus destinos, la continuidad de un reino.

La estaba esperando de nuevo. No se movería él de su sitio, dejaría que ella descubriera un poco este mundo.

La veía comer con ansia, estaba feliz por lo que había descubierto, pero había bajado la guardia, eso no era bueno, podrían atacarla y no se daría ni cuenta, pero él vigilaba por ella.

Comió todo lo que pudo, cogió incluso para guardar, para otro momento. Eso estaba bien, pensó Rufos, era previsora.

Tenía que salir ya de su escondite, anochecería pronto, debían ponerse a cubierto, no debía estar fuera de noche.

Mary escucho un leve chasquido, giró su mirada y de entre los árboles salió él, Rufos, con una sonrisa de oreja a oreja que no podía disimular su felicidad por tenerla a ella allí.

—Aidil, mi reina, la estaba esperando. —Con estas palabras se presentó ante ella.

—Rufos, ¡que sorpresa! —dijo ella.

En realidad, estaba encantada de verlo, era la única persona que podía ayudarla en estos momentos. Era la única que había visto en todo este tiempo.

"Mi reina" decía, esto le sorprendía mucho a Mary, pero no le contradijo, se lo decía seguro de lo que ella era.

—Debemos ir a palacio, va a anochecer, la noche es muy peligrosa en este mundo.

No daba la sensación de ningún peligro, más bien todo lo contrario, parecía el paraíso.

Él la cogió del brazo levemente para guiarla hacia donde estaba situado el palacio. Ella se dejó guiar.

Avanzaron con paso firme, el paisaje era de una belleza impresionante, conforme iban avanzando, salían plantas y paisajes que la iban hechizando, se sentía atraída a todo lo que allí había. Era como adictivo.

Tenía tantas preguntas… esperaría a estar dentro, allí estaría él más relajado, no quería contradecirlo.

A su paso, justo enfrente de ellos, apareció un gran castillo, era inmenso, espectacular, todo lo que había visto hasta el momento quedó eclipsado, no podía dejar de mirarlo, sus ojos estaban abiertos como platos.

¿Quién sería el rey de tan maravilloso castillo? —pensó ella en voz alta.

Rufos no contestó, esperaría el momento.

Las puertas se abrieron a su paso y, a medida que avanzaba, todo se hacía más hermoso, más mágico.

Tenía que asimilarlo, ella venía de un pueblo que no se parecía en nada a lo que estaba viendo, ni en sueños había visto algo tan hermoso.

Todos los que a su paso iban apareciendo, al parecer, eran sirvientes del rey, eran iguales que Rufos. No sabía ella si eran humanos o de otro mundo, pero eran diferentes a ella, a lo que ella conocía. Rufos sí hablaba su idioma, pero los demás se comunicaban con un dialecto diferente que ella no podía entender.

Lo observaba todo sin hablar, era él el que la guiaba hasta su destino.

Llegaron frente a unas grandes puertas. De allí salió una chica joven, tendría la misma edad que Mary, Rufos le dijo algo que ella no entendió y después se dirigió a ella y le dijo:

—Mi reina, Atenea, está a su disposición, báñese y vístase como lo que es, yo estaré esperando abajo, ella sabe bien cómo proceder.

Es verdad que Mary no hacía muchas preguntas, estaba maravillada, no le salían las palabras, tal vez se estaba dejando querer, le gustaba sentirse como una reina, parecía feliz.

Había olvidado por momentos cuál era su destino, parecía hipnotizada, se había dejado envolver por el lujo y los buenos cuidados, se dejaba querer, se cegó.

A nadie le hacía mal un poco de buenos momentos, de buenos cuidados.

CAPÍTULO 15

PRISIONERA DE SUS DESEOS

Rufos era un "concededor de deseos" había entrado en la mente de Mary, había visto lo que la mente le decía, este era el camino fácil, le daría todo lo que su mente le pedía, se sentiría cómoda, reinaría así pues en su mundo.

Un Mundo Mágico era el camino corto, era conformarse a corto plazo, era vivir para hoy sin pensar en mañana.

Había llegado ella allí por los deseos de su mente.

Deseaba que todo acabara, que todo fuera más fácil, mientras corría huyendo del oso, sus deseos fueron tan fuertes que llegaron hasta Rufos, y él se lo había concedido.

Había entrado pues en la comodidad de vivir sin escuchar los deseos del alma, esta vez la mente era quien ganaba.

Mary se bañaba en una gran bañera dorada, era de ensueño, el agua estaba caliente y estaba perfumada. Qué bien se sentía, qué sensación más buena, jamás se había sentido tan mimada, tan cómoda, jamás había sido nada tan fácil.

Ella se dejaba hacer, la chica la lavaba, la peinaba, la mimaba.

Este era uno de los mejores momentos en la vida de Mary.

Eso pensaba ahora que estaba embriagada.

La secaba ahora, cuidadosamente, la trataba con mucho cariño y cuidado ¿sería verdad que era una reina?, porque así se sentía.

La vestía ahora con un vestido de hilos de oro y flores bordadas, era suave, elegante, bonito como ninguno, la hacía más bella de lo que jamás se había visto ella. Sí, no había duda, debía ser una reina, el espejo no mentía, atrás quedaba la Mary pobre, sucia y hambrienta que no tenía posibilidad de cambiar su vida.

Ahora todos estaban a su servicio.

Rufos la esperaba, una gran mesa con toda clase de manjares presidía el centro de la sala, no tenía tiempo de reaccionar, cada vez era mejor lo que a sus pies se le disponía.

—Solo tenéis que pensar lo que deseéis y a sus pies será puesto. Ahora este es su reino y vos sois la reina, nuestra reina. Un Mundo Mágico tiene al fin una reina digna de su trono.

Era reina y estaba en su mundo, la querían y la trataban bien, no podía pedir más.

Comió y bebió, se recreó en lo que en la mesa le habían servido, Rufos la acompañaba en todo momento, no quería dejarla sola mucho tiempo, tenía que mantenerla entretenida, que se sintiera feliz.

—¿En verdad este reino es mío? —le preguntó ella a Rufos, todavía se sentía como en un sueño.

—Sí, mi reina, todo esto os pertenece, solo que no podréis salir de noche de palacio, no es para vos lo que allí fuera hay al ponerse el sol.

Se sorprendió un poco, pero ahora no le importaba esto, estaba limpia, había comido, estaba calentita y una gran cama la esperaba. Estaba tan cansada, sí, quería dormir en esas sábanas blancas que había visto en su habitación.

Así lo vio Rufos, su mente la delataba.

Llamó a la muchacha y, en su idioma, le dijo los deseos de la reina.

Ella la acompañó, la desvistió y la ayudó a meterse en esa cama de ensueño. La arropó y no tardó ni cinco minutos en dormirse, se sentía muy cansada, se merecía dormir, se merecía todo lo que le estaba pasando, se lo había ganado.

Y así, sin pensar, se durmió plácidamente.

Valía más no pensar, esto le gustaba más.

Se había dejado vencer, sus sueños ahora estaban aparcados en el fondo de su alma, no quería escucharlos, los negaba.

Y durmió como una niña, plácidamente, egoístamente.

CAPÍTULO 16

SUEÑOS ROTOS

No había sosiego en Un Mundo Nuevo, no salían las cosas como estaba esperado, algo hacía presentir que no estaban las cosas como deberían estar.

Greg así lo presentía, Drog estaba más nervioso de lo normal, Kun, que era un niño tranquilo, lloraba ahora más que nunca.

Se estaban desvaneciendo los sueños, algo había pasado con Mary, lo notaban todos ellos, estaban seguros, no se equivocaban.

Había que hacer algo, no podían quedarse quietos, las tentaciones habían sido fuertes, Mary había caído en ellas, pero había demasiados sueños rotos para quedarse quietos, no contaban con esto.

Greg lo pensó detenidamente.

Kun podría ser la solución, pero era demasiado frágil para otro viaje al otro mundo, no sabía si le resultaría demasiado para un niño de apenas unas semanas, no quería arriesgarse, era demasiado valioso para ponerlo en peligro.

No había opción, no le hacía ninguna gracia, pero tendría que ser así, enviaría a Drog, él sería su salvación, tendría que confiar en él. Para él también sería difícil, pero lo conocía, confiaba en él y en su sabiduría.

Se reunió con Drog, le explicó la situación:

—Drog, sé bien que tú también lo has notado, tú y Mary estáis conectados, incluso Kun lo sabe, las cosas no van bien en el otro mundo. Mary, nuestra Mary, ha sido vencida, sus sueños han sido aparcados, tal vez ella sola se diera cuenta, pero no tenemos tiempo que perder, su hijo la necesita aquí y cuanto antes mejor.

Drog lo sabía, estaba ansioso, esperaba que Greg le dijera qué hacer.

—Has de ir —le dijo—. No hay más remedio, pero has de volver solo, solo tienes que encauzarla, devolverla al camino. Esto es muy importante, Drog, has de volver solo —se lo repitió, era importante.

Él se sentía emocionado, quería verla y ahora podía hacerlo, la encauzaría y volvería, pero necesitaba verla.

Estaba feliz, vería al fin a su amada.

Dispusieron, pues, el viaje, esta vez iría solo, sería más rápido y seguro. Les urgía, tenían que actuar rápido.

Greg lo acompañó hasta el enlace, no dijeron nada en el reino, sería rápido, tal vez no notaran su ausencia, pero esto no importaba ahora, había un gran futuro en peligro, tenían que solucionarlo.

Se lo volvió a repetir, lo miraba a los ojos firmemente.

—Drog, recuerda, has de volver solo.

Sí, lo sabía, pero ahora quería partir, tenía ganas de verla ya.

—Greg, confía en mí, lo haré, sé lo que está en juego. Además sé bien que tú lo haces por nosotros, seré fuerte, pero ahora deseo partir rápidamente, abre el enlace, debo salir.

Se abrió pues la puerta al otro mundo y Drog desapareció, dejando su reino en la incertidumbre de saber cuál sería ahora su futuro.

Viajaba rápido, más que nunca, las ansias por verla lo hacían más fuerte, con más energía. Soñaba con el momento de su reencuentro, lo estaba deseando. Nunca había sentido esas sensaciones tan fuertes, le gustaba sentirse así, aunque ahora estaban separados, pero algún día estarían juntos para siempre.

La vería pronto y eso es lo único que ocupaba su mente.

Sabía bien cuál era el camino, sabía dónde estaba ella.

La encontraría, su corazón lo guiaba y lo hacía con fuerza.

La mente había confundido los sueños de Mary, no eran estos sus deseos. Había caído, pero no importaba, si se levantaba ahora sería más fuerte, eso bien lo sabía él.

Era una lucha de alma y mente, permanecía ahora en su mente y el deber de Rufos era complacerla, fuera cual fuera su decisión.

No podía decidir por ella.

CAPÍTULO 17

REENCUENTROS DE ALMA Y MENTE

Como una reina había dormido, se sentía descansada, era casi mediodía, no había dormido tantas horas seguidas en su vida. Qué bien estaba y su baño la esperaba de nuevo, solo tenía que desear algo y de inmediato estaba a su disposición, era verdaderamente mágico.

Se bañó una vez más en esa bañera de lujo y se perfumó con aceites refinados, lavó sus cabellos y los peinó suavemente, sin prisa, no había prisa ninguna, estaba ya todo hecho.

Se vistió y la mesa ya estaba a punto otra vez para ella, Rufos la acompañaba de nuevo, quería asegurarse que estaba bien, que todos sus deseos eran satisfechos.

Después salieron juntos al cálido sol del jardín, era tan agradable esa sensación, se sentía tan a gusto. Su mente estaba ahora regocijándose con lo que tenía, estaba cómoda, no tenía que pelear, estaba Mary tranquila, dispuesta a aceptar su nueva vida.

Dos días más pasaron así y ella seguía sumida en una hipnosis de la cual no quería despertar, se negaba a ver la realidad, se había conformado con esa vida, vacía, pero llena de comodidades.

Esa noche, al despedirse de Rufos, él se lo repitió más que los otros días.

—No debes salir de noche, recuerda los peligros que ahí te esperan. Debes ser prudente, tu reino te necesita.

Algo presentía Rufos, todos estaban conectados, era una fuerza mayor, era mágico.

Ella se acomodó como lo había hecho cada noche, pero no podía dormir, se había desvelado, tras tantos días sin hacer nada su cuerpo ya había descansado, se sentía algo incomoda.

Algo en su interior le susurraba suavemente:

—Esto no es lo que quieres ¡Mary, reacciona!

Estaba inquieta, se levantó de la cama y se asomó a la ventana. Había una gran luna redonda, hermosa, la invitaba a salir, no parecía que hubiera ningún peligro, todo estaba en calma, la misma que había durante el día. Se asomó y, sin pensarlo, se dejó llevar y se encontró, sin darse cuenta, paseando por el jardín sin peligro alguno.

Algo en su interior la estaba avisando de algo, pero ella no quería escuchar, en estos momentos no tenía fuerzas para pelear.

La comodidad del palacio la había hecho perezosa, se sentía también más débil, con menos fuerza física y mental, se estaba dejando arrastrar, sin querer sentir ni pensar.

De repente le vino a la cabeza su hijo. Una punzada en su interior la hizo parar en seco ¿qué hacía?, ¿qué es lo que estaba haciendo?

Qué egoísta estaba siendo, se sentía sucia, se había vendido.

No podía creer que en estos días no se hubiera dado cuenta de a lo que había renunciado, por la comodidad, por no luchar.

Cayó arrodillada en el jardín, sentía que había fracasado.

La noche le estaba dando claridad, ahora veía claro lo que había pasado. Se había dejado vencer y había olvidado sus sueños.

Su hijo, Drog.

Su vida en Un Mundo Nuevo la había cambiado por una vida mágica en apariencia, pero vacía en sentimientos.

Saldría de allí, rápido. Buscaría el túnel y se marcharía.

Subió a la habitación y se vistió rápidamente, preparo de nuevo su pequeño fardo con algunas cosas que le podrían ser útiles y algo de comida, volvió a salir al jardín y corrió en busca del túnel, seguro allí estaría la salida.

No era fácil, ahora todo le parecía igual, no recordaba el camino.

Estaba perdida, solo veía agua, mucha agua.

Detrás de ella unas sombras la perseguían, no veía bien qué eran, pero iban a por ella y sentía miedo, mucho miedo. Cada vez parecían más grandes, estaban más cerca, estaba desesperada y en un momento de desconsuelo y por sentirse perdida, Mary se zambulló en el agua, que empezó a hacer un gran remolino que la engulló a lo más profundo, llevándosela de allí y dejando atrás a las sombras que la perseguían y a un falso reino que ya no deseaba en su vida.

Amaneció un nuevo día para Mary, de nuevo, en el bosque, junto al río. Había caído, pero se levantaría, había aprendido, lo había hecho al fin sola.

Los deseos de la mente no aportan felicidad, solo comodidad, pero matan al alma que llora de impotencia al no ser escuchada

CAPÍTULO 18

PASIONES DESATADAS Y AMORES PROFUNDOS

Qué rabia le daba, ya no tanto por el tiempo perdido, si no lo débil que había sido.

Rufos la había ayudado en la cabaña, le había enseñado su sueño, estaba en el libro, en cambio después la había encerrado en su palacio, la había hecho prisionera.

¿Cómo era eso posible? La misma persona que la había ayudado, después era su carcelero.

Tenía que entender esto, algo se le escapaba.

Y de repente, como en un *flash*, le vino la respuesta a su mente.

-Rufos solo complacía sus deseos, los del alma y los de la mente. En la cabaña era su alma que hablaba, pero cuando se sintió vencida, cuando el oso la perseguía, la

mente fue más fuerte y deseó la comodidad, quería estar segura, tranquila.

Sus deseos fueron concedidos, los que eran más fuertes en ese momento.

Entendió perfectamente, las palabras que en el libro decían: "EL CAMINO EN VERDAD NO IMPORTA. EN LA UNIÓN DE ALMA Y MENTE SE ENLAZAN LOS CAMINOS".

Si ella era capaz de sentir lo mismo con su alma y con su mente, conseguiría así su sueño.

Ese era el modo, alma y mente unidas en un mismo rumbo.

Hasta ahora habían ido separadas, jamás encontraría así el camino hacia sus deseos.

Se sentía feliz, había claridad ahora en su vida, tenía muchos sueños, pero el miedo le impedía conseguirlos, se conformó rápidamente con lo fácil por el miedo a lo desconocido.

Esta vez lucharía, había aprendido, estaba engrandeciendo su espíritu y su cuerpo.

Había valido la pena, pues era parte del camino, Greg tenía razón.

Se sentía ahora un poco más fuerte. En el mismo punto de partida, pero había ganado mucho.

Volvería a caminar en busca de su mundo. Se levantó y se dispuso a ir río abajo, algo le decía que era por ahí el camino, al moverse volvió a ver al gran oso que tanto miedo le había dado la otra vez. Sentía terror igualmente, pero esta vez no quería volver al mundo mágico y fácil, no importaba si sufría, pero correría, esta vez en dirección a sus sueños.

Bien poco le importaban a la bestia sus sueños, se encaró hacia ella dispuesta a devorarla. Mary corría río abajo, estaba perdida, no había trampillas ni cabañas, nada donde refugiarse, corría con los ojos cerrados y los dientes apretados con todas sus fuerzas.

Tropezó de nuevo, cayó y se le vino abajo su mundo de sueños, todo había acabado, se sintió perdida, tendida en el suelo, sin escapatoria.

Un fuerte rugido la estremeció, se cubrió la cabeza esperando lo peor, pero no sucedía nada, no la tocaba. Se volvió y no podría yo explicar lo que Mary sintió en esos momentos.

Era Drog, había vencido a la bestia que caía desfallecida a sus pies, en unos minutos la había inmovilizado, como si de un pequeño animal se tratara.

Corrió hacia él con sus brazos abiertos, él la recogió en los suyos, parecía una muñequita en brazos de su guerrero y se fundieron en un beso tan apasionado que sobraban las palabras. No había más que decir, estaba todo dicho, se amaban.

Amor del bueno, verdadero.

Y en sus brazos la llevó a la misma cabaña donde había visto sus sueños escritos en un libro de sueños cumplidos.

Su rey la había salvado, deseaba ser suya de nuevo a conciencia, despacio.

Había soñado tantas veces con este reencuentro, lo había deseado tanto…

Ahora la vida se lo ponía a sus pies, su amado, y al parecer sentía lo mismo que ella había estado sintiendo.

Serían uno, estaban hechos el uno para el otro, lo decían sus miradas.

CAPÍTULO 19

MOMENTOS MÁGICOS

Si de pasiones se trataba, no había en el mundo personas que se desearan más que ellos en estos momentos. Habían descubierto, con su reencuentro, lo mucho que se amaban, por encima del deseo, era algo que los atraía piel con piel. Se estremecían solo con rozarse y solo con mirarse se decían mil palabras de amor, de sueños soñados durante años.

Deseos que estaban esperando ser apagados, amores que deseaban ser amados.

Nada en estos momentos podía ser más necesario que sentirse el uno del otro y amados.

Se fundían en unos besos apasionados que parecían no tener fin, nada que ver con lo soñado, era más, mucho más de lo imaginado.

Drog Y Mary estaban viviendo en un sueño de pasiones desatadas, de lujurias prohibidas. No podía ser real.

Se habría sumido ella en uno de esos sueños que la envolvían llevándosela más allá, pareciendo todo tan real.

Se estaría escondiendo en los brazos imaginarios de su amado para huir de la cruel realidad.

No importaba, deseaba aquello, lo iba a disfrutar, fuera sueño o fuera real.

No pensaba dejarlo escapar y lo gozaba, gozaba del cuerpo de su amado, era como un dios entre sus brazos.

La buscaba a ella, se estremecía con ella, y eso le gustaba a Mary. Su dios sentía por ella tantas cosas, incluso un deseo desenfrenado que lo hacía ser más varonil si cabía.

Se erizaba su piel, la de ella, pero también la de él.

Ardían sus cuerpos, los dos unidos bailaban al mismo son, el son de los sueños cumplidos.

No habría magia ya en el mundo que pudiera sorprender a Mary, había tocado el cielo y gozado de sus delicias, había bajado al infierno y disfrutado de sus perversiones, había explotado de placer aquí en la tierra y todo ello en los brazos de su amado.

No existía magia más maravillosa que la que ella había experimentado hoy.

Cada beso que se habían dado llevaba consigo una promesa.

Cada abrazo que se habían dado llevaba consigo un nuevo futuro.

Cada mirada que se habían dado llevaba consigo un "para siempre unidos".

Quedaron exhaustos de pasión, de amor, de palabras no dichas, pero sí sentidas. Quedaron saciados, reforzados de una verdad que no tenía ya retorno.

Se amarían incluso después de su muerte, este amor era para siempre.

En los libros quedaría escrito y en sus vidas sería demostrado.

Drog y Mary eran uno, caminando juntos los caminos de la felicidad.

Las despedidas serían amargas, pero él lo había prometido, debía dejarla sola, debía crecer por ella misma.

No quería, no estaba preparado.

Lo había prometido. Cumpliría su palabra.

Velaba sus sueños, la miraba, era muy bella, pero él veía su belleza interna, Mary era realmente especial.

Había tocado su corazón de guerrero, ahora le pertenecía a ella.

—Mary, debo marcharme, no es lo que deseo, deseo llevarte conmigo, pero tú bien sabes que no debo, no puedo.

Se le rompía el corazón con cada palabra de despedida.

—Lo sé, Drog, deseo ir contigo, pero voy entendiendo lo que Greg desea para mí, he descubierto cosas en mi interior y sé que hay más. Nos veremos, amado mío, recorreré el camino y esta vez lo hare por mí, para mí.

Con sus palabras, seguras, se lo hizo más fácil a él.

Salió él de la cabaña sin mirar atrás, no podía, regresaría si la volvía a mirar a los ojos.

Ella lo dejó marchar, no lo siguió, lo dejó y desapareció de su vista.

Sabía que no había sido un sueño, había sido real, muy real.

No sería la última vez que se amarían, quería más de esto con él.

Por eso también lucharía.

CAPÍTULO 28

DESENCUENTROS

Un Mundo Nuevo parecía estar intranquilo, algo parecía haber cambiado, en el aire lo notaban aquellos que eran más espirituales, algo malo les venía, se presentía.

Greg lo sabía, al igual que sabía que tenían que tropezar para crecer y aprender, después serían todos más sabios, más fuertes.

Trec era otra cosa, nunca le había interesado nada lo espiritual. En su vida lo que más sobresalía era el afán por el poder y el odio dominaba su vida, cada vez más, por logros no conseguidos.

Lo que sí notaba él era que su hermano y el consejero algo tramaban, había muchas cosas que nadie le decía, no confiaban en él y eso lo sabía de sobra.

Lo buscó por palacio, pero nadie le decía dónde se encontraba Drog, nadie lo sabía.

Él estaba seguro de que su consejero estaba bien informado de cuál sería su paradero, acudió en su busca.

Empezaba a estar furioso.

—Necesito saber dónde está Drog, nadie sabe nada de él, pero tú sí. Te ordeno que me lo digas, soy parte de la familia real y merezco un respeto, estoy harto de que todos me ignoréis.

Greg, con mucha calma, bien conocía él a Trec, le contestó:

—Drog se ha marchado por unos asuntos de palacio, de los cuales no estoy informado, pero no tardará en regresar, si deseas yo personalmente te aviso a su llegada.

Le daba la sensación que se burlaba de él en su propia cara, esto lo pagaría.

Dio media vuelta y, enfurecido, salió a los jardines dispuesto abandonar el palacio.

Se cruzó por su camino Saro, paseaba a Kun aprovechando el día tan cálido que había amanecido.

Paró en seco, no sabía quiénes eran, en verdad nadie había reparado en decírselo. ¡Ups!, sí, había sido un descuido bien feo.

Miró al niño desconcertado, estaba más enfurecido que antes.

Saro se asustó, su mirada desprendía odio, mucho odio, temió por el niño. Rápidamente se apartó de él y, dando un giro, corrió hacia el palacio.

Él la siguió, la curiosidad lo invadió.

Se topó de bruces con el consejero de nuevo.

—¿Quién es este niño? —le preguntó muy impaciente.

—Debes calmarte, Trec, así no se solucionan las cosas.

Greg fue consciente de que nadie había informado a Trec de las buenas nuevas. Quiso suavizar la situación.

—Quería decírtelo, pero esperaba que estuvieras más calmado. Pero lo haré ahora, ya que estás impaciente por saber. Kun es el hijo de Drog. Él será rey de reyes. Un Mundo Nuevo estaba esperando por él.

Los celos, la impotencia, la rabia, todo se apodero de él, no podía con su cuerpo. Esto no había entrado en sus planes, no estaba previsto.

Estaba claro, lo había visto claro, nadie contaba con él, eso le dolió tanto… Un niño tenía más poder incluso que él y era hijo de Drog. Cuanto lo odiaba, al padre y ahora al hijo.

Ni sabía hacia donde se dirigía, preso de la furia se metió hacia dentro del palacio. Greg lo dejó, ya se calmaría, pensó.

Saro salía de una de las habitaciones que se quedó entreabierta.

No lo vio a él. Se metió en su habitación y no se percató de la presencia de Trec.

Él pasó por delante como alma que lleva al diablo, entonces lo vio.

Estaba dormido en su cuna, solo, tranquilo.

No pudo evitarlo, se metió en la habitación y cogió al niño, sin pensarlo.

Corrió fuera de allí, tenía que llevárselo, lejos, su hermano sufriría por la ausencia de su hijo, ahora quería hacer daño.

Corrió sin rumbo alguno, hacia ninguna parte, estaba ciego, los celos le dominaban, no era consciente hacia donde iba. Tenía que escapar, solo eso invadía su mente.

No se burlarían más de él, se merecía respeto, el mismo que le daban ahora a este niño.

—¿Quién sería la madre? —pensó Trec.

Pero cuanto más pensaba, más se enfurecía.

Estaba actuando sin control, pero tampoco quería parar, estaba cansado de que nadie contara con él, había explotado.

CAPÍTULO 21

LA BÚSQUEDA DE KUN

Fue la chica que se ocupaba de Kun, al entrar a la habitación y no verlo, lanzó un grito de horror.

Hasta el comedor, donde estaban todos dispuestos para cenar, llegó el grito de la chica. Corrieron todos sin dudar, escaleras arriba, no sabían que había pasado, pero el grito no deparaba nada bueno.

Entraron y no hicieron falta las explicaciones, la cuna estaba vacía, no había rastro del niño.

Saro lloraba desconsolada.

—No tenía que haberlo dejado solo, es mi culpa, debí quedarme a su lado.

Por mucho que Greg le decía, no había nada que la hiciera reaccionar, se sentía culpable, había tenido un mal presentimiento y no había hecho caso.

—No es momento de lamentaciones, nadie sabía lo que iba a pasar, ahora debemos buscarlo, tenemos que encontrarlo, no hay otra opción.

Se ordenó a todos los hombres de Drog que lo buscaran, tenían que encontrarlo vivo, esa era la orden.

Buscaron por todo el reino, pero estaba anocheciendo, no pararían la búsqueda, pero eso lo hacía más difícil.

No había rastro de él, nadie había visto al niño.

No lo habían visto, pero Greg y Saro sabían bien quien lo había secuestrado, habían visto la cara de rabia que tenía, estaba deseoso de hacer mal, no tenían duda. Trec era el causante de ese caos.

Sabían que odiaba a Drog, pero no hasta ese punto.

Esta vez se le había ido de las manos, Kun era un niño inocente, nada tenía que ver con sus rivalidades y celos.

La noche llegaba y seguían sin ninguna noticia, no había rastro de ellos.

Trec corrió sin rumbo, pero inconscientemente se dirigió al único modo de salvación posible.

La Montaña Sagrada era su única salida, en ningún sitio estaría más seguro, si cruzaba el enlace estaría a salvo.

El problema era abrir el enlace, nadie aparte de Greg lo había hecho hasta el momento.

La subida le había costado más de lo habitual, llegar hasta allí con el niño acuestas no era nada fácil, además no paraba de llorar, esto lo ponía más nervioso, si es que eso era posible.

Kun, tan pequeño como era, notaba lo alterado que estaba, por eso él lloraba más, se sentía en peligro, notaba la ira de Trec.

Lo zarandeó en un acto de desespero, quería silencio, tenía que pensar.

—Cállate, niño, necesito abrir el enlace, tu vida está en peligro, o pasas al otro lado o tendré que matarte.

Kun no era un niño como los demás, bien lo sabía Greg.

Podía sentir más allá, a pesar de su temprana edad, sintió desde antes de nacer.

Sabía ahora lo que estaba pasando, sabía la importancia de su vida y lo que tenía que hacer él por Un Mundo Nuevo, no era el momento de morir.

No quedó rincón por buscar ni casa por registrar, no estaban en ninguna parte de la ciudad. Buscaron en los reinos continuos, tampoco encontraron nada.

La Montaña Sagrada era un lugar de paz, solo se acudía allí a meditar, nadie levantaba la voz, era un sitio muy respetado muy sagrado para ellos.

Tal vez por eso no pensaron en buscar allí, no se atrevería nadie alterar la paz de su templo sagrado.

Él siempre iba más allá de lo prohibido, no temía a nada, no respetaba a nadie.

El silencio era roto por los llantos de Kun, gritaba fuerte, quería ser oído.

Solo lo escuchaba su verdugo que ennegrecía por momentos.

Entonces Greg lo sintió.

Fue como una revelación, así sin más lo supo, estaban en la Montaña Sagrada, Greg sabía que era así.

Sin pensarlo, puso rumbo hacia allí. No iba solo.

CAPÍTULO 22

DESCUBRIENDO MÁS SOBRE EL AMOR

Ni él miró hacia atrás, ni ella miró hacia donde se dirigía, lo lograría por ella, encontraría el camino, sin trampa.

Salió unos minutos después que él, pero antes volvió a mirar la cabaña, con detenimiento, algo le decía que no sería su última vez allí. Siempre, hasta el momento, había acabado en el mismo lugar. La cabaña, su destino y el punto de partida, siempre había sido el río.

Regresaría pues hacia el río donde se había encontrado con Drog, desde allí vería el modo de saber hacia dónde dirigirse.

Cruzó el bosque, salió hacia la llanura y, allí en el suelo, estaba el oso que la había atacado hacia tan solo unas horas, tan grande y ahora tan indefenso.

Se acercó a él, sintió curiosidad, ya no tenía miedo, aunque causaba mucho respeto muerto y todo.

Sus dientes eran grandes, afilados, tenía la boca entreabierta, la estaba mirando, sus ojos se habían quedado abiertos.

Mary lo miró a los ojos, había algo en ellos, los miró profundamente.

Sintió de repente un deseo muy fuerte, desde el corazón, que el animal no hubiese muerto, sentía dolor por él y mucho amor, era una vida, no tenía que morir, no por ella.

Las miradas, también la de él, eran profundas. Mary sintió en esos momentos algo en su interior, debería estar vivo, él solo se defendía, tal vez sobrevivía, como tantas veces había hecho ella.

Todo su amor, el que había sentido últimamente, el que estaba aprendiendo, el que tenía ella en su interior, todo se lo transmitió al animal, era un deseo limpio desde el corazón. Quería darle todo lo que ella sentía y era mucho, muchísimo.

Lo tocó, le transmitía paz. Mágicamente el oso la miró, esta vez parpadeaba, la miró, despertó, se levantó. La bestia se había convertido en un animal dócil, pasivo.

Y pudo ver lo más profundo del interior de Mary, él supo lo que ella le transmitía, era algo más profundo, un paso más allá.

Mary vio claramente lo que los ojos de él le decían. Vio agradecimiento. Fue algo realmente de otro mundo, ya todo era posible para ella.

La lamió y, así sin más, se marchó de su vida, tranquilo, sereno.

Dejándola a ella con mucha paz.

Mary no se sorprendía ya por nada, sintió la fuerza y el poder del amor emanar de su interior.

El amor podía con todo, pensó.

Y pensó en John, su odio, todo lo que el transmitía. John no había sentido amor en su vida, comprendió que si se

comportaba de ese modo era por falta de amor, hacia él, hacia los demás. Pudo entenderlo, sintió lastima por él y así llegó el perdón.

Mary ya no sentía odio hacia él, también era una víctima, también sobrevivía. ¿Qué tan mal lo habría pasado John para llegar a ser así de cruel?

Con el perdón hacia John ella sintió una gran paz en su interior.

Aprendió así el poder del amor y del perdón.

Seguía creciendo, desde su interior, con amor. Era verdad, el amor era el centro de todo.

Debía seguir su camino, debía avanzar, su familia la esperaba.

Continúo bordeando el río, a contracorriente.

Sentía una mezcla de sensaciones, tristeza por la marcha de Drog, pero también sentía una fuerza nueva en su interior, algo que la hacía moverse con energía.

Cada desafío la hacía crecer, ahora era más capaz de superar los obstáculos, sabía que después de la tormenta, llegaba la calma.

CAPÍTULO 23

SUPERANDO MÁS

Ir a contracorriente era el modo de decidir ella la vida que quería, no estaba ya dispuesta a hacer lo que se esperaba, haría lo que le dictaba el alma y el alma le decía que marcara ella el camino.

Estaba anocheciendo, se presentía que sería una noche fría.

Debía buscar algún sitio donde resguardarse, ahora sabía de lo peligroso que podía llegar a ser el bosque.

Caminaba rápido, pero no encontraba ningún sitio donde cobijarse. Claro, cerca del río no era fácil, pero tampoco quería adentrarse, estaba ya muy oscuro. Acamparía cerca del río, buscaría algo de leña y haría una hoguera, se calentaría así y ahuyentaría a los depredadores.

Se metió un poco por el bosque, buscaba leña para el fuego, encontraba alguna rama caída por el viento, todo le servía. Cargó, pues, todo lo que pudo y otra vez, cerca de

la orilla, lo preparó para hacer el fuego. Hizo un pequeño montículo y se percató de que así no podría prenderlo, no había ramas finas, tendría que volver a por más.

Dejó el pequeño fardo que llevaba en el cuello en el suelo, caminaría así más ligera.

Ahora estaba muy oscuro, no veía nada, se puso en cuclillas y palpaba con las manos alguna ramita encontraba a su paso.

Fue un chasquido, fue algo brutal, un dolor intenso se apoderó de Mary, seguida de una fuerte angustia. Un dulzor le subía desde los pies e invadía su cuerpo, empezó a sudar, un sudor frío.

Oscuridad, fueron unos minutos, tal vez más, no sabía decir.

Le costó un poco volver a situarse. Había perdido la consciencia, estaba en el suelo y seguía con mucho dolor.

¿Qué había ocurrido?, ¿de dónde le venía tanto dolor?

Era como si le hubieran arrancado el brazo, eso era, sentía el dolor en el brazo. Intentó moverlo, no podía, algo se lo impedía, estaba muy oscuro, tampoco podía ver qué la tenía cogida.

Otra vez ese dolor tan agudo, le quitaba todas las fuerzas.

Estaba sangrando bastante, notaba el líquido deslizarse por su brazo.

Se encontraba en el bosque, atrapada por algo que no sabía, sin poder moverse y además sangrando.

Era presa fácil de cualquier animal hambriento que la quisiera atacar.

En la distancia lo olían, eran lobos y les llegaba el olor a sangre fresca.

La encontrarían, no tardarían.

Fue cuestión de minutos, eran tres, la miraban, pero no se movían.

Estaba aterrada, veía sus ojos en medio de tanta oscuridad, los escuchaba, pero misteriosamente no se movían.

Era como si algo la protegiera, algo les impedía avanzar.

El hambre apretaba, estaban famélicos, fue por eso que el más grande dio un paso adelante, estaba hambriento, y la sangre lo tentaba demasiado para quedarse quieto.

Avanzó uno más y le siguió el otro, despacio, con cautela.

De la nada salió entonces el oso, estaba vigilándola, más fuerte, más poderoso, la protegía a ella, la defendía y se enzarzó en una lucha con los tres, pero no tenía rival. Era mucho más fuerte, estaba protegiéndola a ella, su motivo era más fuerte, luchar por ella lo hizo invencible.

Huyeron despavoridos, los tres, con el rabo entre las piernas.

Mary no salía de su asombro, la había estado protegiendo, todo este tiempo detrás de ella, velaba por ella.

Cuando tú das, recibes por duplicado, aprendía más y más. Tenía un gran amigo.

Se recostó el animal a su lado, no la dejaría, no de momento.

Amanecieron los dos pegados, juntos, el cuerpo del animal le daba calor, se encargó él de cobijarla, pero el dolor seguía ahí. Ahora veía lo que la tenía atrapada, era una trampa para osos. No podía soltarse, con una mano le era imposible, no tenía fuerzas.

Qué afortunada y agradecida se sentía a pesar de lo sucedido, seguía con vida. Miró al cielo, algo la protegía, no tenía duda.

Junto al río estaban sus cosas, las pocas que llevaba en su pequeño fardo. Los cazadores andaban inspeccionando la zona y hasta allí llegaron ellos, dos hombres armados con cuchillos.

Venían en busca de su botín, las pieles del oso.

Escarbaron entre las cosas de ella, pero no vieron nada útil, aunque sí que se extrañaron, no había nadie.

—Alguien ha estado aquí, la hoguera no ha sido encendida siquiera, habrá sido devorado, algún oso se lo habrá cenado.

Bien poco les importaba a ellos, querían su piel y a por ella iban.

No era un bosque muy transitado, en todo este tiempo Mary no había encontrado a nadie, excepto a Rufos.

CAPÍTULO 24

DECISIONES FINALES

Trec y Kun en la montaña, Greg de camino hacia ella, Drog regresando a Un Mundo Nuevo, todos los demás buscando a Kun y Mary atrapada en medio del bosque. Algo se estaba desencadenando.

Kun lloraba, lloraba sin cesar, y el enlace no se abría no había forma, no encontraba Trec el modo.

Tendría que deshacerse de él, si la puerta no se abría, no tenía escapatoria. Lo mataría, mataría al niño, estaba todo perdido.

Le puso las manos en su cuello y lo rodeó con ellas, apretaba más, cada vez más, lo había decidido. Y en el momento de acabar con su vida, apareció en el cielo la estrella con los colores del arcoíris.

Un gran resplandor inundó la montaña, Greg, desde donde estaba, sabía lo que estaba pasando allí arriba. Se apresuró, ya faltaba poco, había abierto el enlace, tenía que llegar a tiempo, Kun tenía que quedarse con ellos, a este lado.

Drog, desde donde estaba, vio el resplandor, no sabía lo que pasaba, pero corrió hacia él, algo sucedía, alguien cruzaba al otro lado, no era normal. Corrió, tenía que ver qué estaba pasando.

Mary, desde donde estaba, no vio, pero sintió, su corazón la advertía con una punzada intensa que la hizo saber que algo no iba bien.

—Es Kun —dijo—. Algo no va bien.

Estaba segura de ello. Tenía que soltarse, salir en su busca.

Trec se sentía ahora victorioso, no sabía cómo, pero se había abierto el enlace, en medio de su asombro cogió al niño y corrió hacia él.

—Espera, Trec, debes recapacitar —gritaba Greg desde más abajo.

Él lo ignoró, lo habían encontrado, pero no importaba, en el otro mundo no lo encontrarían, debía cruzar, ahora más que nunca.

Allí estaría a salvo, ya pensaría después en lo que haría con su vida. Se lanzó sin pensar.

Fue instantáneo. En el mismo momento se chocaron los dos cuerpos, los dos hermanos cayeron al suelo, por el impacto de lo no esperado, cayeron, en Un Mundo Nuevo, la fuerza de Drog los arrastro hasta el suelo de la Montaña Sagrada. Quedaron los tres esparcidos por el suelo.

Greg corrió a por el niño, que lloraba desconsolado, lo salvo a él, era su máxima prioridad.

Drog en unos segundos se percató de lo que allí estaba pasando. No le dio tiempo a Trec de reaccionar, Drog la emprendió con él, le tenía ya muchas ganas, estaba pagando por muchas veces de deslealtades sumadas y por eso le dio sin compasión, sin ningún tipo de control.

—Llevabas a mi hijo en brazos y eso no era para nada bueno. ¿Qué pensabas hacer? No te vas a salir con la tuya.

Y le dio una y otra vez, hasta quedar exhausto.

Lo dejó tirado en el suelo, moribundo, no tuvo ninguna compasión y corrió hacia donde estaba Greg, su hijo estaba bien. Eso era lo primero.

Mientras bajaban la montaña, Greg le fue explicando lo sucedido, tenían que tomar medidas, ahora Trec era peligroso.

En lo alto de la montaña Trec se sentía perdido, desesperado ¿qué sería de él ahora?, ¿qué harían con él?

No lo pensó, se lanzó sin pensarlo, cruzó el enlace justo en el mismo momento que se estaba cerrando.

Detrás de él se cerró la posibilidad de volver a Un Mundo Nuevo.

Saro los esperaba, no cabía en sí de la alegría, su nieto estaba bien, había regresado sano y salvo al palacio.

Drog mandó a sus hombres a que trajeran a Trec, sería juzgado y castigado, esta vez no sería piadoso con él, había traspasado los límites.

La paz tenía que volver a reinar en Forward.

Greg, cuando todo se hubo calmado, se reunió a solas con Drog, quería saber sobre su viaje, quería saber sobre Mary.

Los acontecimientos parecía que se habían desviado de su destino, pero no tenían que perder la calma.

—¿Cómo la has visto Drog? —le pregunto él.

Drog pensó en ella, en lo que habían vivido juntos, su cara lo decía todo, su consejero bien lo sabía, leía sus gestos y expresiones.

—Es más fuerte y segura ahora, está aprendiendo rápido, no debemos preocuparnos por ella, lo conseguirá.

Es lo que él deseaba con todas sus fuerzas, tenía que hacerlo, tenía que regresar con ellos. Él y su hijo la esperaban, lo afirmó para así decretar que no había más posibilidad que esa.

—Está bien —dijo Greg.

Sabía que ella era fuerte, debía confiar en ella, eso también la ayudaba.

—Mañana nos reuniremos, debemos arreglar las cosas con Trec, descansa ahora, necesitaras las fuerzas.

No lo decía, pero Greg sabía mucho más que los demás.

CAPÍTULO 25

IMPULSOS EQUIVOCADOS

Nada más se cerró el enlace, lo supo. Se había equivocado y ya no había marcha atrás, había sido muy impulsivo.

No deseaba estar en ese mundo. No tenía nada que hacer allí y, lo que es peor, no habría forma de regresar a Un Mundo Nuevo.

Se derrumbó solo de pensarlo, estaba abatido. Sentía una rabia atroz hacia el mundo, hacia él mismo, hacia todos.

—Joder, joder, joder, Trec ¿quién te manda a ti pasar a este mundo —se maldecía a sí mismo, gritaba de impotencia.

No sabía qué haría ahora, estaba perdido ¿hacia dónde se dirigiría? y ¿para qué? Nada tenía allí que hacer.

Vagaba ahora en el mundo de Mary sin rumbo alguno. No podía dejar de pensar en lo que había hecho, en su mente se agolpaba lo sucedido, pero de lo único que se arrepentía era de haber cruzado al otro lado.

Nadie descansó esa noche, seguía el caos, buscaban a Trec, no había aparecido.

Saro temía por Kun, con Trec por ahí vagando el niño estaba en grave peligro.

—Greg, no crees que estaría Kun más seguro en nuestra tierra, con Mary, mientras Trec aparezca, solo por un tiempo, me preocupa su seguridad. Si algo le pasara, jamás me lo perdonaría.

Greg le contesto:

—Saro, Forward siempre ha sido una ciudad muy tranquila. No hay peligro. Debes estar tranquila, Kun debe criarse aquí, no vale la pena hacer el viaje, serán pocos días, se resolverá todo muy pronto. Ya verás.

No se había quedado nada convencida, tenía todavía la mirada de Trec clavada en su retina, era odio lo que desprendía, mucho odio descontrolado.

Pasaría las horas con el niño, no se separaría de él ni un solo momento, era su modo de protegerlo.

A medida que pasaban las horas y Trec no aparecía, Greg empezó a sospechar cuál era su paradero. No se lo había podido tragar la tierra y recordaba que el enlace seguía abierto cuando empezaron a descender, pero él estaba en el suelo, no se movía. ¿Habría podido levantarse y llegar a tiempo?

Había cometido un gran error al no cerrar él el enlace.

No estaba seguro de si decírselo a Drog, pensaría en Mary, pero la tierra era muy grande, tal vez jamás coincidieran, era una posibilidad muy remota.

Esperaría de todos modos, un poco más.

Trec cada minuto era más consciente de lo mal que lo había hecho todo, ahora lo había perdido absolutamente todo, nadie lo buscaría, no querrían verlo. Nada tenía ya.

Se acercó al río, se limpió las heridas, estaba dolorido, pero no importaba eso, nada importaba.

Se sentía más abatido y derrotado que en su vida, no deseaba vivir, no veía salida, solo pensaba en lo mal que lo había hecho.

Se sentía desesperado, nadie lo quería, sentía que había fracasado en todo en la vida, nada bueno le esperaba en ese mundo. No, no viviría allí. No tenía dónde ir. No empezaría una vida de nuevo lejos de los suyos, solo.

—Qué mal lo has hecho todo. —Dio un grito desgarrador y, sin más, se lanzó al agua, ya no quería vivir.

Greg se había reunido con Drog.

—Drog, cabe la posibilidad de que tu hermano cruzara el enlace, es más, estoy casi seguro de que lo hizo.

Él también lo había pensado, pero oírlo de la boca de Greg lo destrozó, era un hecho.

—Si encuentra a Mary, le hará daño, si la ve por casualidad, la matará. Tú bien lo sabes, he de ir de nuevo, debo salvarla.

—Tranquilo, Drog, no es fácil que se encuentren y, si lo hacen, no la reconocerá, hace mucho tiempo desde la vez que os encontrasteis y el apenas la vio. Piénsalo, cálmate, no la reconocería ni siquiera se acordará de ella. Nadie le ha dicho que ella era la madre de Kun, no sabe nada. No tiene por qué odiarla a ella. Drog, es imposible, que la relacione contigo, tienes que pensar con calma.

En esto tenía razón, hacía ya casi un año y él en ese tiempo solo la vio cuando él la llevaba en brazos desfallecida. Mary había cambiado mucho en este tiempo, ahora se veía más mujer, más bella.

Se calmaría por el momento, pero no se quedaba tranquilo.

CAPÍTULO 26

AMOR CON AMOR SE PAGA

El oso, que todavía estaba recostado al lado de Mary, se levantó, la miró, dudó, pero se alejó. Se marchó hacia el bosque, la dejó.

—Me dejas —le decía Mary—. Te entiendo, soy un estorbo, debes seguir tu camino, gracias por lo que has hecho por mí.

Se sentía verdaderamente agradecida, ya no podía el animal hacer más. Debería apañárselas sola.

A la mínima que se movía, tenía un dolor desgarrador, además había empezado a tener mucha fiebre.

Empezó a escuchar murmullos, alguien hablaba a lo lejos. Sí, estaba segura, eran voces de hombres, serían su salvación.

—Socorro, socoro —gritó, pero la voz apenas le salía, no tenía fuerzas ni para gritar.

Hablaban entre ellos, parecían dos, eran muy vulgares y decían palabrotas, pero eran su única salvación, lo tenía todo perdido.

Volvió a intentarlo, estaban ahora más cerca de ella.

—Socorro, socorro.

Uno de ellos levantó la cabeza, la había visto.

Le dio un codazo al otro, parecía maravillado o sorprendido.

—Es una diosa —le dijo.

El otro, menos soñador, lo bajó a la tierra de un cachete.

—Calla, imbécil, es una mujer ¿no lo ves?

Ahora sí corrieron los dos hacia ella, era una mujer muy guapa, además.

—Mira que tenemos aquí ¿qué te parece lo que hemos cazado? —Mejor que las pieles ¿no? —contestó el otro.

—Nos pagarán bien por ella en el prostíbulo, pero antes nos saciaremos nosotros, es nuestro trofeo.

Ella quería que la soltaran, no era consciente del todo de lo que hablaban.

—Soltadme, ayudadme —les decía.

Claro que la soltarían, tenía el brazo destrozado, le veían hasta el hueso.

—Es fuerte, ha aguantado esto, nos pagarán bien por ella.

Estaba contento, tenía un buen día hoy.

La soltaron, estaban impacientes, querían saborearla, violarla.

—Primero yo —dijo uno—. Que por algo la he visto primero.

Se agachó los pantalones, estaba a punto, se le echó encima y en esos momentos se oyó un rugido que los dejó sordos de inmediato, boquiabiertos, aterrados.

Su amigo había regresado, tal vez nunca se había marchado y esperaba a que la liberaran, quién sabe.

Huyeron despavoridos, la bestia los había asustado de tal modo que corrieron sin mirar atrás, sus vidas estaban en verdadero peligro, valientes cobardes.

Mary, medio inconsciente, lo volvió a ver. Sonrió, regresaba de nuevo por ella.

Fue ya lo último que recordaría.

Despertó, cómo no, de nuevo en la cabaña. La habían curado, tenía el brazo lleno de ungüentos, olía muy mal, el olor era muy desagradable.

—Has salvado el brazo de milagro —escuchó decir.

Era una voz familiar, la conocía, la reconocía.

—¡Rufos! —exclamó ella sin casi poder hablar.

Se alegraba de verlo y de estar en la cabaña.

—Tienes un gran amigo, el oso te salvó la vida.

Sí, de eso se acordaba, fue él quien la salvó, bien lo sabía.

—El oso me ha salvado la vida y tú, Rufos, el brazo. En verdad tengo dos grandes amigos —le dijo ella.

Rufos se sintió halagado, parecía emocionado, Mary era su amiga, le gustaba la idea, le gustaba mucho.

Las personas se cruzaban por el camino de Mary y cada una de ellas le aportaba enseñanzas, pero algunas ya formarían parte de su vida para siempre, habitarían en su corazón eternamente.

CAPÍTULO 27

ALMA EN PENA

Ni en el cielo ni en la tierra, ni en el infierno tenía cabida.

Vagaba como alma en pena, cumpliendo así una de las peores condenas, vivir en el olvido, solo, atormentado. Muerto en vida.

El único consuelo, lo único que lo mantenía algo cuerdo, que no del todo, era su venganza.

No sabía el modo, pero regresaría, volvería a por ella y así barajaría por fin al infierno, pecaría, pero con ella. La arrastraría consigo, ese era su objetivo y por ello sobrevivía.

John no tenía ni un minuto, ni un segundo de paz en su alma, vivía atormentado, era peor que una tortura.

Su mayor mal fue hacer lo que a él hicieron, nunca fue capaz de cambiar su destino, se conformó con la vida que habían decidido por él y la vivió con odio, si es que se puede decir vivir.

No tuvo una infancia fácil, pero tampoco se esforzó por cambiar el rumbo de su vida.

Si somos creadores de nuestros destinos, John no era menos, hubiera podido ser feliz, también él.

Mary había entendido perfectamente lo que le había pasado. John era muy infeliz. Nadie que tiene alegría en su corazón, actúa como John.

Vivir una vida sin alegría y esperanza no era vida, nadie merece vivir así, pero nadie podía cambiar su destino por él, solo él, estaba en sus manos y no lo hizo.

Ahora buscaba culpables por sus desgracias, Mary pagaría por una vida de desdichas, era más fácil culpar que asumir.

Sí, John fue el único responsable de su vida de desdicha, tal vez en el fondo de su alma lo supiera y era por eso que ahora vagaba como alma en pena sin descanso ni alegría.

—Regresaré a por ella —repetía.

Sin duda, encontraría la forma, su fijación por ella era absoluta, nada más ocupaba su pensamiento. Lo conseguiría.

CAPÍTULO 28

LA CABAÑA DE NUEVO

Se sentía casi como en casa, tenía ya algo especial para ella esa cabaña.

Rufos la cuidaba con mimo, confiaba en él, sus gestos le decían que podía hacerlo.

Desde la ventana lo vio, el oso, no se había despegado de la casa ni un momento, desde que ella había entrado, recostado en la puerta, velaba por ella, tenía que estar bien y él quería verlo. Era un gran amigo y protector.

El oso velaba por ella.

Mejoraba Mary rápidamente, los cuidados de Rufos le iban muy bien, sabía lo que se hacía.

¿De dónde era?, ¿quién era realmente? Nunca se lo había dicho, sin embargo, él sabía mucho de ella.

—Rufos ¿quién eres realmente?

Él le contestó a su modo.

—Mi reina, yo soy quien vos queráis que sea, a sus pies me rindo, por vos vivo.

No importaba, era bien cierto que siempre aparecía en el mejor de los momentos, no preguntaría más, se conformaba, era Rufos y, por especial, ella ya lo quería.

Pasaron los días y Mary se curó rápidamente. Los caminos debían seguir, tenía una misión, la cual quería cumplir, había recuperado las fuerzas y ahora ya ansiaba salir en busca de los suyos.

Rufos le explico:

—¿Recuerdas, Mary, cuando huías de Un Mundo Mágico?

Claro que lo recordaba, se avergonzó, había huido sin ni siquiera decirle adiós. Pero no era eso lo que él quería decirle.

—¿Recuerdas las sombras que te perseguían?

También las recordaba, nunca supo que eran.

—Eran tus miedos, Mary, cuanto más miedo tenías. más grandes se hacían. No dejes que el miedo sea más grande que tus sueños, el miedo nos limita, tu vida comenzara cuando terminen tus miedos.

Mary sabía bien de lo que hablaba Rufos, toda la vida se había pasado soñando con una vida mejor, pero nunca hizo nada para cambiarlo, por miedo.

No se trataba del miedo a las bestias ni a los lobos ni a los osos.

Rufos hablaba del miedo a lo desconocido, miedo a luchar por lo que se sueña, miedo a salir de la zona de confort, por no pasar las dolencias, dolencias que ella estaba experimentando ahora.

Por el miedo a sufrir, vivía sufriendo aún más de lo que lo hacía ahora, vivía una vida que no deseaba, así lo habían hecho todas las mujeres e incluso los hombres de su familia. Vivir una vida que no deseaban por miedo a los cambios.

Sin embargo, no podía más que dar las gracias, algo estaba cambiando en su vida, sabía que ese era el camino, sufriría pues las tormentas, después ya disfrutaría su recompensa.

No había ya marcha atrás en la vida de Mary, Un Mundo Nuevo la esperaba y esta vez era lo que ella deseaba.

Su interior estaba cambiando, salía lo que tanto tiempo había estado escondido bajo el miedo.

Rufos volvió a abrir el libro, esta vez le enseñó algo distinto.

Había un lecho, mucha gente alrededor, la gente parecía feliz, estaban celebrando.

Era Aidil había fallecido. Ella se sorprendió ¿tan mal lo había hecho que celebraban su muerte? Se entristeció.

Rufos le dijo:

—Toda esta gente celebra el haberte conocido, no lloran tu muerte porque están agradecidos. Tu paso por sus vidas será para siempre y, en sus corazones, vivirás eternamente. Te conocerán como la "Reina del Amor" y así será si luchas por ello.

Abrió el libro por otra página, esta vez estaba sola en su lecho de muerte. Parecía feliz, aún le quedaba un poco de aliento.

Sus últimas palabras fueron:

—Jamás pensé, ni en sueños, una vida mejor a la vivida, muero feliz de saber que he hecho lo que mi alma me pedía, por mí y por cada uno de ellos.

—¿A cuanta gente conoces, Aidil, que en su lecho de muerte se sienta feliz?

Le sorprendió mucho lo que hoy le había enseñado. Le llegó al alma. No conocía a nadie que muriera feliz, no realizaban los sueños del alma, se apagaban y morían insatisfechos.

Una vida de lamentaciones para morir insatisfecho. Qué triste.

No, su vida sería diferente, en sus manos estaba.

Enseñaría a la gente a escuchar su interior, a luchar por sus sueños, su pueblo sería feliz, con sueños realizados. Deseaba que el mundo supiera que se podía ser feliz y que dependía de ellos.

CAPÍTULO 29

AIDIL, REINA DEL AMOR

Decidió, pues, que su nombre no sería ya más Mary, sería Aidil.

Dejaría atrás su vida pasada, se convertía en lo que deseaba ser.

Reanudó su camino, no había avanzado nada, la historia se repetía una y otra vez, volvía a la cabaña.

Pero, sin embargo, ella sabía que había avanzado, no en camino, pero sí en andanzas. Estaba más cerca, lo sabía.

Rufos no le dijo adiós, se volverían a ver, se cruzarían sus caminos, lo sabían los dos.

Salió de la cabaña, acarició al oso que todavía la esperaba, la lamió. Juraría ella que le había hablado, tal vez fue por su mirada, era profunda, parecía que pudiera ver el interior de Aidil, parecía que pudiera ver más allá de lo que los ojos veían.

Caminaba una vez más hacia el río, pero no, no se sentía sola.

Volvería a ir a contracorriente, le hacía sentir bien pensar que caminaba a contracorriente, como lo hacía ahora en la vida.

Era temprano, el sol acababa de salir, caminaría esta vez todo el día, así avanzaría más.

Con paso ligero y firme llego al río.

Descubrió que sus cosas todavía seguían allí, lo poco que tenía, lo recogió, tal vez le fuera útil ¿quién sabia?

Caminó y caminó sin parar durante horas, nada nuevo acontecía, ni una pista, ni una señal, nada que la hiciera saber cuál sería el camino. Pero no desistió, siguió avanzando, algo llegaría.

Paró a comer, Rufos le había preparado algo de comida, tampoco mucha, quería que se desenvolviera sola, tenía que aprender a resolver su vida sola.

Se sentó en la orilla, le recordó cómo hacía antaño, y le vino a su mente como había sido su vida, sin duda estaba ahora donde tenía que estar, de momento no tenía nada, pero estaba donde ella quería, en busca de su felicidad. Pensó en su hijo, en las ganas que tenía de sentirlo en sus brazos y sentir su olor, ya casi lo había olvidado, eso la entristeció. Pensó en Drog y en lo mucho que lo amaba, en sus besos, en cómo la llenaban.

Todo esto la hizo sentirse fuerte, querer estar con ellos.

Miró a lo lejos, el agua fluía tranquilamente, su ruido la relajaba.

El agua pensaba, es muy importante, el río siempre está presente, el camino debe ser por el agua. Tocó su medallón, en él estaba el río. ¿Qué sería lo que en él faltaba?

Fijó su mirada a lo lejos, lo más lejos que alcanzaba su vista, había algo que flotaba, río abajo.

Era un cuerpo, alguien se había ahogado, tenía que ayudarlo, tal vez pudiera salvarlo, tal vez no era demasiado tarde.

Se quitó algo de ropa, se dejó la justa para no quedar desnuda y se zambulló al río. Nadó como pudo, se defendía, pero no era gran nadadora, tardaba en llegar, le costó mucho llegar hasta el hombre.

Al fin, cuando llegó, lo cogió torpemente, le resultaba difícil, pero esta vez la corriente la empujaba hacia la orilla, avanzaban más rápido.

Llegó agotada, su brazo todavía le dolía a morir, pero lo ignoró, había una vida en peligro, quería ayudar como habían hecho por ella, se sentía útil, valerosa.

Lo tumbó en el suelo y, por instinto, le hizo la respiración boca a boca, varias veces, no se daba por vencida, pero no respondía. Una vez más y otra, y otra, pero nada, no quedaba nada de vida en ese cuerpo.

Lo volvería a intentar una vez más. Se inclinó y, con todos sus deseos de que viviera, lo deseó con verdadera urgencia, le volvió a respirar en su boca. Una bocanada de agua resurgió de los adentros del cuerpo del hombre aquel, que parecía que regresaba a la vida.

Respiró, se inclinó, tiró agua, mucha agua.

Estaba seguro, había muerto y un ángel lo había llevado al cielo.

Era el ángel más bonito que había visto en su vida y se inclinaba hacia él, quería besarlo, él se dejaba hacer en su inconsciencia.

Le hacia la respiración boca a boca, no eran besos, ni era el cielo, ni ella un ángel, pero sí su salvadora, había despertado en brazos de ella.

Qué gran despertar, pensó él. Se sentía aturdido, pero fue recordando lo que había pasado, había deseado su muerte, no había muerto, parecía que no era su hora.

Trec parecía que tenía otra oportunidad de vivir.

CAPÍTULO 38

VERDADES ESCONIDIDAS

Algo había pasado en Un Mundo Nuevo, la gente estaba más alterada de lo normal, no había esa armonía y paz que se respiraba en sus ciudades habitualmente.

Lo habían notado todos. Drog, Wona y el resto de los reinos.

Ni el mismo Greg sabía lo que estaba pasando, era todo muy extraño. La ira y la desconformidad habían invadido su mundo.

Pero ellos mismos también notaban cierta inquietud en sus cuerpos, algo los hacía estar a todos más nerviosos.

Greg tenía que averiguarlo. ¿Qué había pasado?

En las calles la gente se peleaba por cualquier cosa, bastaba un roce más fuerte de lo habitual y saltaban en una discusión.

Se le estaba yendo la cosa de las manos, no sería fácil controlar a todos si se rebelaban contra ellos ¿quién sabía? era todo posible.

Todos los reyes y reinas con sus consejeros se reunieron, parecía serio el problema, nunca habían visto a sus gentes así. Era algo nuevo para ellos y no llegaba en el mejor momento.

En verdad, Un Mundo Nuevo había sido siempre muy tranquilo, pero porque todos sus habitantes habían crecido con las costumbres de obedecer, más que eso, estaban acostumbrados a vivir la vida tal y como estaba dictada. Había unas normas, las seguían y todos tenían una vida fácil, no había así conflictos. Cada uno cumplía con su deber, sin más.

Pero esto tenía su parte mala, los sueños de sus gentes no solían cumplirse, eran felices solo en apariencia, por dentro no se sentían satisfechos. Algo hizo que despertaran.

Parecía, pues, como si de repente todos se hubieran dado cuenta de esto, de lo infelices que venían siendo, de que llevaban una vida que no es la que ellos deseaban.

Trec seguía sin aparecer, pero ellos, Greg y Drog ya estaban seguros de donde estaba, no había duda, había cruzado el enlace.

Drog seguía muy preocupado, tenía un mal presentimiento, lo llevaba dentro desde que su hermano había desaparecido.

No quería preocuparse, pero no podía controlar lo que sentía dentro y, por otra parte, estaba lo de su pueblo.

¿Qué había pasado?, ¿qué es lo que había cambiado?

No encontraban el porqué de los cambios de la gente.

Se reunieron todos en Forward, era el pueblo más importante de todos, desde allí se decidía siempre, se reunían allí para solucionar lo que implicaba a este y a todos los reinos.

Estaban todos muy serios y preocupados, también alterados.

Debatían como apaciguar a sus gentes, pero no podían controlarlos uno por uno, era algo que se les escapaba de las manos. La solución era más bien saber qué les estaba afectando.

De momento no había pasado nada grave, eran altercados sin importancia, pero nada habituales.

Después de estar horas reunidos, no encontraron solución alguna, no querían usar la fuerza bruta ni el castigo, eso era algo que tampoco solían necesitar. No, no era esa la solución.

Decidieron esperar, encontrar el porqué de estos cambios y así después poder solucionarlo. Greg sabía que tendría que ver con algo del más allá, algo más profundo. Pero no sabía qué era. Lo descubriría. El futuro estaba en las manos del consejero.

Mientras tanto, Kun había demostrado que era un niño muy avanzado para su edad, hacía cosas que no eran habituales en niños tan pequeños, se daba cuenta de las cosas y parecía entender a todos perfectamente. Era muy especial, más de lo esperado.

¿Tendría algo que ver su llegada con los cambios de la gente?

Greg pensó en todas las posibilidades, pero no, Kun era portador de grandes esperanzas, no sería por su causa.

Tal vez sus energías, que eran muy fuertes, chocaba con la de la gente. Pero no le convencía. Kun había nacido desde el amor y estaba seguro de que aportaría mucho a su mundo.

Hacía tiempo que Greg no estaba tan preocupado, la situación podía volverse muy grave para todos ellos.

Se volvió a encerrar en sus libros y a estudiar las energías del más allá, las leyes del universo. Algo se le escapaba, debía descubrir qué había pasado.

Todo estaba estudiado y preparado, según él, la llegada de Aidil sería para mejor, lo había visto, ella aportaría paz y armonía.

No entendía estos cambios. Pero sí entendió que tal vez era hora de plantearse otro modo de vida en Un Mundo Nuevo. Abrir la mente a otras posibilidades.

Ese día subió a la Montaña Sagrada, necesitaba meditar en paz, en silencio.

Desde allí veía las cosas más claras, era sin duda su lugar favorito.

Hizo el camino como hacia habitualmente, en silencio consigo mismo, recapacitaba y pensaba en aquello que le preocupaba y en buscar una solución, ver la señal, la luz, algo que lo hiciera entender.

Desde su lugar favorito y sumido en su meditación, algo lo hizo despertar, levantó la mirada y lo vio claro.

Tenía la causa de la agresividad de las gentes.

Necesitaba ahora encontrar la solución.

CAPÍTULO 31

SENSACIONES NUEVAS

Trec lo supo nada más verla, no sabía de quién se trataba, pero algo había en ella que le había gustado y mucho. Quería conocerla, deseaba estar con ella, quería que fuera para él.

No podía contarle su historia. Ella no entendería nada de su mundo, ni sabría siquiera que eso era posible, pensaría que estaba loco, sería mejor omitir la verdad. Por lo menos de momento.

De todas formas, tal vez no habría modo de regresar a su tierra, tal vez jamás encontrara el modo de volver a abrir el enlace y, si lo conseguía, sería castigado por lo que hizo.

Su vida en Un Mundo Nuevo había terminado, tendría que ir pensando en hacer una vida en estas tierras, tal vez si ella quisiera... Le encantó la idea, por primera vez en su vida, a Trec le gustaba la idea de compartir su vida con una mujer, con ella.

De momento, dejaría que la vida le fuera marcando el camino, se dejaría llevar, pensó él.

Aidil, por su parte, pensaba que no podía contarle a dónde iba, ella sabía que en Un Mundo Nuevo no podía pasar nadie que no tuviera su sangre, no sería ella quien desvelara el secreto del enlace. Tendrían que separar los caminos, no podían viajar juntos, sus destinos eran muy diferentes.

Lo atendió lo mejor que pudo. Estuvo todo el día a su cuidado, comió al final del día algo que le había quedado a Aidil, parecía que iba recuperando sus fuerzas rápidamente. Era un hombre fuerte, se veía a simple vista.

Fue entonces cuando él le contó:

—No tengo donde ir —le dijo—. Mi familia me ha repudiado, me lancé al río, estaba desesperado, quise morir.

Ella recordó cuando se había sentido así, desesperada, con ganas de morir, fue entonces cuando conoció a Drog y la ayudó, la salvó.

No podía dejarlo desamparado, tenía que esperar un poco hasta que él supiera cuál era su camino. Tal vez ella pudiera ayudarlo a encontrar alguna respuesta.

Siguió él su relato, se sentía bien con ella, le daba confianza.

—Tal vez yo no haya sido lo que la gente esperaba de mí, tal vez me haya equivocado, pero no se me ha tratado como yo merezco, merecía más de su parte, nunca me lo dieron. No recibí cariño, nunca me quisieron, lo sé, siempre prefirieron a mi hermano. Mi hermano era el que todo lo hacía bien, nunca se fijaron en mí.

Aidil empezó a entender ¿cómo no entenderlo?, ella siempre se había sentido poco querida. Hasta que supo que era ella misma la que no se quería, su peor enemiga era ella misma.

Le pasaría lo mismo a él, seguro. Falta de confianza y autoestima.

Era más fácil culpar a los demás, ese era el camino fácil.

Decidieron pasar la noche allí, retomarían la marcha al día siguiente. La verdad era que ella ahora se sentía más segura, se notaba que era un hombre de mundo, se sabía protegida.

Hicieron una hoguera, él la encendió rápidamente. Incluso pescó algún pez del río, esa noche comieron bien los dos. Estaban a gusto juntos, cómodos.

No sabían quiénes eran, pero algo los unía.

Despertaron al amanecer, estaban juntos los dos, cuerpo con cuerpo, a Trec le encantaba esto, pero no dijo nada, la respetaba.

Ella se ruborizó, no le parecía apropiado, pero tampoco quería darle más importancia, había sido algo involuntario.

Esa mañana emprendieron la marcha, fueran cuales fueran sus destinos, debían avanzar.

Hablaban mucho, sobre todo él, estaba contento, sentía algo en su interior que, a pesar de todo, lo hacía sentirse bien, sobre todo no se sentía solo ni ignorado. Eso era tal vez, por primera vez en su vida alguien lo tenía en cuenta, le gustaba mucho esa sensación, le gustaba mucho Aidil. Con ella se sentía importante.

¿Quién sería ella?, ¿por qué no hablaba de su vida?

No quería atosigarla, pero lo averiguaría, una mujer sola tan valiente y decidía, tampoco era normal, ni en su mundo.

¿O es que eso sería habitual por estas tierras?

En su tierra las mujeres sin rango no tenían ninguna decisión, no es que se lo prohibieran, era por costumbre, tenían una vida fácil, se conformaban, eran muy conformistas. Vivían cómodas, cumplían con sus deberes y no les faltaba de nada, tampoco aspiraban a mucho más.

Así había sido durante siglos y así seguía.

CAPÍTULO 32

CAMINOS EQUIVOCADOS

Le gustaba todo de ella, su carácter, su decisión, hasta sus andares.

—¿Hacia dónde te diriges? —le pregunto él.

Ella no sabía que responder, no le gustaba mentir, no quería hacerlo, pero no podía decirle la verdad. Estuvo unos segundos pensando la respuesta.

—También, como tú, yo busco nuevos destinos, Mi vida no era lo que yo quería, voy en busca de un mundo nuevo para mí.

Él se sorprendió, pero no, no podía referirse a su mundo, era una forma de hablar, nadie conocía la existencia de su mundo.

Bueno, ya averiguaría más sobre ella. Con su compañía le bastaba, estaba con él ahora, el futuro ya se vería.

Era curioso, pero este hombre a ella le recordaba a Drog, no por sus rasgos, pero tenía algo en su forma de moverse, su cuerpo, algo la transportaba hasta su amado.

Sería porque lo echaba mucho de menos, pensaba ella.

A contracorriente seguían los dos, empezaba a hacerse el camino más angosto, caminaron durante horas sin descanso. Entonces ella pensó en cruzar al otro lado del río, ahora sería posible si Trec la ayudaba, podrían construir una balsa.

—Mi deseo, Trec es cruzar al otro lado, creo que lo que busco está allí al otro lado, pero necesito tu ayuda ¿tú lo harías? ¿Me ayudarías a construir una balsa?

Claro que la ayudaría, aceptó encantado, que lo necesitara a él, le agradaba, quería que la acompañara y eso era bueno, muy bueno para él. Deseaba estar con ella.

Tardaron más de lo pensado en construir la balsa, no era tarea fácil por los pocos materiales y aperos que disponían, pero se notaba que Trec era muy resolutivo y se iba apañando con los problemas que iban surgiendo. Ella lo ayudaba en todo lo que él le pedía, trabajaron codo con codo, esto los unió bastante. Aidil también le cogió mucho cariño, Trec parecía un niño desamparado esperando la aprobación de ella.

Finalmente, y después de varios días, consiguieron construir lo más parecido a una balsa, no era nada del otro mundo, ni parecía muy segura, pero era todo lo mejor que se podía haber hecho con lo que disponían.

Decidieron que pasarían la última noche en este lado y a la mañana siguiente partirían al amanecer. Había un largo camino por recorrer, el río tenía un centenar de kilómetros de ancho y miles de largo. Era una hazaña peligrosa teniendo encuentra que no disponían de una balsa en condiciones, además eran dos, sería muy inestable. Pero quien no arriesga, no gana, las cartas estaban echadas, partirían por la mañana. Estaba decidido.

Esa noche Trec estaba distinto, parecía que algo le preocupaba, estaba más silencioso de lo habitual, algo le rondaba la cabeza.

Aidil quería ayudarlo, tal como había hecho él con ella. Si podía serle de ayuda, ella estaría encantada.

—¿Qué te pasa Trec?, sé que algo te inquieta, te noto distraído, me gustaría ayudarte, si puedo.

Él pensaba que, si lograban cruzar al otro lado, allí encontraría lo que ella buscaba, se alejaría Aidil de su lado, tal vez hubiera sido mejor no hacer la balsa, así habría tenido la oportunidad de estar más tiempo con ella. Pero esto no se lo iba a decir, con ella había conseguido ser un hombre más bueno, quería volver a empezar, olvidar el odio que siempre había sentido. Tenía la esperanza de una nueva oportunidad, un nuevo comienzo y quería que fuera con ella. La posibilidad de perderla lo martirizaba.

—No es nada, Aidil, hemos trabajado mucho, estoy cansado, solo eso, no te preocupes, mañana estaré mejor.

Bueno, ella no quería presionarlo, aunque sabía que eso no era del todo cierto, le apretó suavemente el brazo en un intento de que él supiera que podía contar con ella, que estaba ahí.

Para él, sin embargo, esto fue una señal, se ilusionó, algo estallo en su interior.

La miró fijamente a los ojos, quería un beso, un beso de sus labios. Lo había deseado desde el primer día que la había visto.

El beso no llegó y algo le volvió a recorrer el cuerpo, esta vez no era amor, volvía la rabia, sus inseguridades lo inundaron de nuevo, los miedos, miedo al rechazo.

Otra vez se sintió pequeño, la historia de su vida se repetía continuamente.

¿No tendría derecho él a ser amado? No lo entendía, la había ayudado, se llevaban bien. ¿Por qué no era él suficiente para nadie?

Volvieron a su mente recuerdos de su anterior vida y en todos se sentía poco querido, en todos buscaba un reconocimiento que nunca llegó, pero con ella se había sentido

diferente, y ahora su rechazo había sido una puñalada en su corazón, en su autoestima.

¿Qué era lo que hacía tan mal en su vida? Necesitaba una respuesta a esta pregunta, era algo que lo inquietaba mucho.

Se quedó dormido al final, después de dar muchas vueltas, pensando todo el tiempo en estas preguntas, un mundo anterior, ahora este mundo y mismos resultados. ¿Qué hacía mal?

Esta vez deseaba una respuesta, lo deseaba de corazón, quería una nueva vida de felicidad, una oportunidad, creía ciertamente que lo merecía.

Pensar en una nueva vida con ella lo hacía sentir feliz, lo deseaba.

CAPÍTULO 33

UN MUNDO DE SUEÑOS

Era un día soleado de primavera, el campo estaba verde y lucía con flores de todos los colores, eran bonitas, como su sonrisa. Estaba feliz y corría a su lado como una niña, le daba su mano y tiraba de él. La seguía, quería ir con ella a donde fuera, con ella se sentía él feliz, reían.

De repente ella paraba en seco, lo miraba a los ojos y lo devoraba a besos, lo deseaba, su mirada así se lo decía y sus besos apasionados con fuerza, también la delataban.

Estaban en mitad de no sabía dónde, pero no le importaba, la iba a hacer suya, la deseaba, era tan hermosa y sabía tan bien. Enloquecía solo con mirarla, no hacían falta las palabras.

Se desgarraron la ropa con pasión, con posesión, era un deseo desgarrador, ahora ella era ardiente, parecía una loba, eso a él le gustaba. Su muñequita se convertía en una loba apasionada y lo devoraba sin pausa, se lo comía a besos, se lo saboreaba.

Él le devolvía esos besos con fuerza, a ella le gustaba la fuerza que él le hacía, la tenía sometida, dispuesta, estaba toda ella entera a su disposición, entregada en cuerpo y alma a él, para él.

No había testigos de su amor, ni de su pasión, pero ellos lo sabían, sabían lo mucho que se querían, lo decían sus ojos, sus caricias, sus miradas.

Ardían en deseos y se dejaban llevar por ellos, sin importarles el lugar ni el momento.

Eran tan felices... Cuánto le gustaba a él sentirla suya, cuánto le gustaba entrar en ella y sentir el calor de su cuerpo ahora en él y el placer de ella era ahora su placer. La escuchaba gemir y ardía por dentro.

Explotaban los dos juntos mientras se miraban a los ojos y se decían palabras de amor y de deseo.

Eran los mejores momentos de su vida, la risa de ella llenaba su vida, vivía por ella, por su amor y ver que ella por él se desvivía.

Sí, eran buenos tiempos para los dos, al fin habían encontrado el amor.

Despertó así Trec de su sueño para darse cuenta de su realidad.

No lo amaba, pero tal vez no era el momento, podría hacerlo, no perdería la esperanza. Sería paciente.

Corría ella, se alejaba, no iba a ninguna parte, parecía que huía de alguien. Así era la perseguían, no veía quien era, pero no quería que la alcanzara, tenía miedo, estaba sola, nadie la defendía y solo podía correr.

Corría tanto que ya no podía más y sus piernas se daban por vencidas y caía derrumbada en medio de la nada, sola.

Y otra vez se veía atrapada por unas manos que no quería que la tocaran y unos besos que no deseaba, esta vez sí gritaba de rabia y de impotencia, pero por mucho que lo hacía, nadie la salvaba, nadie acudía en su ayuda.

Y él la hizo suya muy a su pesar.

Lloraba de dolor, lloraba de impotencia.

Quería ver su cara, tenía que verlo, se revolvió con fuerza y allí estaba él, mirándola con cara de satisfacción, también de victoria.

Era Trec. Ahora Aidil volvía a sentir miedo.

Despertó ella y la realidad no la hizo sentir mejor, tenía un nudo en el estómago, deseaba huir como en su sueño, pero sin él, de él. ¿Por qué sentía esto? Había sido un mal sueño, pero, sin embargo, la sensación que tenía era como si hubiese sido real.

No hacía el día soleado de sus sueños, ni los campos eran verdes. Era un día gris y parecía que iba a llover, hacía frío y el viento no anunciaba nada bueno. A pesar de todo, ella insistió en cruzar el río, no quería esperar más, parecía impaciente, se había levantado y estaba muy distante con él, muy seca. Huir es lo que buscaba.

Bueno, se pondrían en camino. Trec decidió que casi mejor no contradecirla, aunque no fuera el mejor día para cruzar el río, ella no escucharía y menos esperaría.

Se subieron a la balsa y Trec remaba hacia el otro lado, empezaron, pues, el camino, tal vez ahora sí, hacia sus destinos.

Aidil se calmaba a medida que pasaban las horas, había sido un sueño tan real, había revivido viejas sensaciones que creía olvidadas y perdonadas, seguían ahí y con ellas los miedos. Miedo de estar donde no quería.

Por eso quiso marcharse de allí enseguida, quería estar en su casa con los suyos, los echaba de menos, mucho.

CAPÍTULO 34

VERDADES OCULTAS

Preparaba sus cosas para su llegada, volvía de nuevo, esta vez vendría acompañada, todavía no sabía el día de su llegada, pero él era previsor y siempre estaba preparado. Todo estaría dispuesto, para su llegada.

Se escribía cada día en su libro, las páginas en blanco se iban llenando, se escribía así la historia de su vida.

Atrás había quedado Mary, no aparecía ya su nombre, ahora era Aidil, Reina del Amor, así estaba escrito.

Empezaban a aparecer colores mágicos en sus páginas.

Rufos era el guardián de sus sueños, de sus deseos más fuertes del alma o de la mente.

No podía dejarla sola, tenía que saber hacerla ver, sin decirle nada, que viera el camino por sí sola, pero cuidarla.

Se avecinaba tormenta, se sentía en el aire, los animales se preparaban y el bosque había cambiado de color.

Cortaría leña y traería comida, serían días duros.

En medio de sus trabajos esa mañana algo lo hizo enfocar su atención. Algo extraño había pasado, no solía él distraerse tan fácilmente, eran unas sombras casi negras que parecían acercarse lentamente hacia la cabaña.

No sabía que era, nunca había visto algo así, no eran de tormenta, bien conocía él el tiempo y sus pronósticos, esto era algo diferente.

Se avecinaba algo peligroso. Tendría que ver con ella, seguro.

Alguien más la esperaba en la cabaña, el oso sabía, intuía también él su llegada.

Habían conectado más allá de lo terrenal.

Podría necesitar de su ayuda, quién sabía, su instinto también lo alertaba del peligro, estaban los dos preparados esperando su llegada.

Se avecinaba una gran tormenta, cada minuto que pasaba se oscurecía más el día y el fuerte aire empezaba a hacer imposible las tareas al exterior.

Era hora pues de regresar a la cabaña.

Encendió el fuego y se preparó un té.

Se sentó en su mecedora con su gran libro en sus brazos, empezó despacio a leer entre sus páginas.

"Cuenta la historia que, en un mundo donde nadie creía en sueños, llegó una muchacha que había conseguido cumplir los suyos, decidida a hacer ver a la gente que había una vida mejor para ellos.

La gente a su alrededor no vivía, sobrevivía, podía ver claramente que la mayoría eran infelices y ni ellos mismos sabían el por qué y mucho menos cómo alcanzar la felicidad. Unos se conformaban con lo poco que tenían, otros se empeñaban por lograr más que nadie, por sobresalir y ni unos ni otros eran felices.

Sentía los vacíos del alma que tenían cada uno de ellos, vacíos que intentaban llenar con la necesidad de obtener más

cosas o de tener a su lado alguien que les diera amor, que llenara su soledad, los días, el tiempo, los vacíos del alma.

Pero nada era suficiente, todos al final, con el tiempo, se sentían una vez más infelices y achacaban eso a la vida, el estrés, la familia, la rutina.

Nada de eso era cierto, bien lo sabía ella. Las personas somos infelices porque no sabemos amarnos a nosotros mismos, ni amar al prójimo sin esperar nada a cambio.

Todo comenzaba en uno mismo, todo era a partir del amor puro y sin egoísmo.

Llegó a un reino sin amor para enseñarles que había un mundo nuevo lleno de felicidad y alegrías".

Así se iban llenando las páginas de su libro, las páginas que habían estado en blanco.

Rufos estaba satisfecho, Aidil cumplía bien con su destino, por el momento todo parecía seguir su camino.

Un gran río culminaba el texto y en él dos personas luchaban por su vida entre la tormenta.

No había más escrito en las páginas de aquel misterioso libro.

CAPÍTULO 35

LUCHA DE TEMPESTADES

Habían partido, tal vez desde la parte más ancha del río. Trec y Aidil se encaminaban así a la búsqueda de sus destinos, pero se intuía que iba a ser un viaje largo y difícil.

El río empezaba a estar intranquilo por el fuerte viento y la balsa no avanzaba según lo esperado ni en rapidez ni en rumbo.

Hacia unas horas que él estaba remando, necesitaba descansar.

Dejó el remo en la balsa y se recostó un poco, estaban en silencio, no habían hablado mucho después de lo acontecido la noche anterior.

Se habían distanciado, él por miedo a expresar sus sentimientos y ella por miedo a que los expresara.

Pero se sentía culpable, estaba siendo muy injusta, él se había portado muy bien con ella y el sueño era solo un sueño. Trec no tenía ninguna culpa de sus traumas del pasado.

—¿Estás bien? —le preguntó ella, quería recuperar la armonía entre ellos.

A él le gusto ese cambio, lo hacía sentirse mejor.

—Sí, Aidil, solo un poco cansado, descanso un poco más y continuó remando, no te preocupes, todo saldrá bien.

Más bien era una afirmación que se repetía para sí mismo, todo saldrá bien.

Cogió ella el remo, quería ayudar, era igual de válida, no tenía experiencia, pero menos era nada, así que remó como pudo. Él la dejo hacer, a ella le gustaba ser útil y se le notaba satisfecha con ello.

Trec se había dormido, estaba agotado y ella seguía con su remo, pero la tormenta ya estaba encima de ellos y no podía controlar la balsa.

—¡Trec, despierta! —le gritó ella.

No podían controlar la balsa, empezó a llover fuertemente y el viento no ayudaba.

—¡Dame el remo! —gritó él, estaban en peligro.

Ella lo acercó hacia él, pero el fuerte viento la echó para atrás y soltó el remo sin darse cuenta. Se le escapó de las manos, ahora sí estaban perdidos.

La balsa se movía mucho, era imposible mantener el equilibrio, y en un intento de salvarla a ella, se cayó Trec al agua, frente a la mirada atónita de ella. Debía salvarlo, pero no podía llegar a él.

Trec nadaba fuertemente, pero la corriente lo alejaba de la balsa.

Estaba desesperada, se ahogaría, no podría aguantar mucho tiempo.

La lluvia, el viento, el río que crecía cada vez más y bajaba mas rápido, todo se juntó y Aidil lo perdió de vista ante sus ojos, desapareció rio abajo más rápido que ella.

Pero ella seguía con su lucha de mantenerse en la balsa, no podía perderla, solo así habría una posibilidad de salvarlo a él.

Hacía rato que no lo veía, ella seguía corriente abajo, agitándose.

Se caería, no tardaría en caerse ella también.

Así fue, una racha fuerte de viento acabó tirándola al río, se sumergió en sus profundidades y desapareció al igual que Trec.

La tormenta seguía su rumbo, no tenía intención de parar, no se habían resuelto todavía lo que se tenía que resolver.

No había sido buena idea cruzar el río esa mañana, él se lo había dicho, pero ella ofuscada en sus cosas había insistido y ahora, tal vez por su culpa, él estaría muerto.

Pasó toda su vida por su mente, desde su infancia en su pueblo con sus sueños, hasta sus momentos con Drog y, cómo no, su hijo. Ya no lo vería más, no lo vería crecer.

Si le hubiera hecho caso. Nada de esto estaría pasando.

—Mary… Mary…

Esa voz de nuevo, qué alegría sintió, la echaba de menos.

—Mary… Mary…

Ya nadie la llamaba así, su nombre había quedado perdido en el olvido. ¿Acaso habría retrocedido en el tiempo?

—Mary… Mary…

Y dejó de escuchar por completo, ni la voz, ni el río, ni el viento, ni su mente, ni sus sueños. Se desvaneció todo.

CAPÍTULO 36

CREADORES DE NUESTROS DESTINOS

Algo no estaba saliendo bien, hacía días que la esperaba y no había llegado. La tormenta seguía enfurecida.

Rufos estaba muy preocupado, pero no estaba en sus manos. Cada uno es creador de su vida y ella había decidido, fuera por las circunstancias que fuere, cambiar su destino, había hecho una parada en su camino, algo quedaba por resolver.

Un día hacía, después de varios días de tormenta, que Rufos, paseando por el río, esperándola a ella, lo había encontrado.

Había aparecido solo, arrastrado por la corriente del río. Estaba inconsciente, tirado en la orilla, no sabía el tiempo que llevaría allí.

Lo arrastró a la cabaña y lo atendió.

Seguía allí delirando, con fiebre muy alta, hablaba en sus delirios de un niño llamado Kun, de venganza, de Drog y de ella, de Aidil.

Rufos sabía de quien se trataba, lo cuidaba porque no estaba en él hacer el mal, lo ayudaría porque así se lo pedía el corazón, ya sería juzgado por quien tenía que serlo.

De todos modos, todos tenemos derecho a una segunda oportunidad.

Mary, sí, Mary de nuevo, se debatía en una lucha que no la dejaba avanzar. Retrocedió en su mente, era su antiguo yo que la retenía.

Hacia unos días se había sentido tan fuerte, tan decidida, pensaba que a partir de entonces la vida sería fácil para ella, que todo fluiría ahora con más facilidad.

Pero no pasaba nada de eso, a cada paso que avanzaba salían nuevos retos más difíciles para ella.

Su lucha era esta vez interior. Había quedado atrapada entre su mente y su mundo irreal.

No se sentía con fuerzas, parecía que ahora le daba todo igual, es más, le parecía que todos sus sueños eran inalcanzables.

Esa sensación de ahogo, de que nada saldría como lo había planeado y los miedos que volvían a inundar su mente.

Había visto el libro, sabía lo que sucedería si no se rendía y, aun así, la mente la vencía en los momentos de debilidad.

Entre dos mundos, ahí se encontraba ella ahora.

Esa lucha de querer algo más en tu vida y no alcanzarlo jamás por miedo, miedo a los demás, miedo a fracasar. Había descubierto tantas formas para el miedo y todas habitaban en ella, es más, se había dado cuenta de que la mayoría de la gente tenía muchos miedos, por no decir todos y que la mayoría vivían con ellos sin ni siquiera saberlo. El miedo la retuvo.

Quería ser Aidil, lo deseaba, sabía que tendría una vida plena y, aun así, su mente se resistía a abandonar a Mary.

¿Qué era lo que no la hacía avanzar?

¿Por qué le costaba tanto dejar su antigua vida?

Debía decidirse, el tiempo pasaba y no esperaba por ella, debía aclarar la mente y decidir lo que quería en su vida.

El recuerdo de John, lo que le había hecho, le dolía más ahora. Después de tanto tiempo seguía ahí en su mente y le dolía.

¡Ahí estaba!, lo vio claro, no se creía digna de lo que le esperaba,

no creía que ella pudiera merecer una vida tan plena, por eso no

avanzaba.

¿Cómo iba una niña de pueblo a ser reina? ¿Cómo iba a merecer el amor pleno? ¿Cómo podría ella ayudar a los demás si no era capaz de ayudarse a sí misma?

Todo era por falta de confianza en sí misma y cn su valía.

Acepta lo que eres, acepta lo que puedes ser y cree en ti tan fuerte que ni tu misma vuelvas a dudar de tu valía.

CAPÍTULO 37

GREG DE NUEVO

Su mundo no estaba en su mejor momento, pero ahora era más importante ella.

Había entrado en un bucle sin salida, necesitaba de su ayuda.

Desplegó así su ingenio y su magia y se metió en el mundo que ella se había sumergido. Debía ayudarla.

Pasaba esto como en un sueño para ella.

Viajaron al pasado.

Corría Mary por la pradera y se dirigía hacia el río, era un día de esos que a ella le gustaban tanto, soleado, de los que cantan los pájaros anunciando que la primavera ha llegado.

Reía sin motivo alguno, se sentía feliz, sabía que en unos minutos entraría en su sueño y eso a ella la hacía sentirse tan bien…

Era muy niña todavía, pero, sin embargo, ya había empezado a soñar, ya sabía bien lo que quería. Ella pensaba que

eran solo sueños, ahora él le hacía ver que estaba equivocada, que eran deseos del alma.

—¿Cuántos años llevas, Mary, deseando lo que en tus sueños veías?

Toda su vida.

Estaba ahora en casa con Billy, había estado soñando, como era costumbre, en ella y no había hecho la mitad de sus labores, su padre enfadado le decía:

—No vas a servir para nada, nadie te va a querer. Nunca podrás llevar una casa, no serás buena esposa para nadie.

—¿Cuántos años, Mary, escuchaste estas palabras?

Toda su vida.

—Cuando soñabas, Mary, en tu príncipe y tú eras una princesa ¿qué sentías?

Ella ahora estaba pensativa, pero le contestó casi de inmediato, segura de sí misma.

—Sentía felicidad, sentía que era mi vida, sentía que eso es lo que quería.

Él le volvió a preguntar:

—¿Sentías entonces que lo merecías?

Claro que lo merecía, era una niña ¿qué niño no merece realizar sus sueños?

—Entonces quiero que pienses ¿quién destruyo tus sueños? O, mejor ¿quién te hizo creer que no lo merecías? Y quiero que pienses ¿no eres tu esa niña?, ¿entonces?, ¿no mereces tus sueños?

¡Claro, la habían machacado mucho tiempo!

Estaban ahora en el presente.

Mary viajando sola, luchando por sus sueños. Sufriendo por ellos. Veía lo que había pasado desde que había iniciado el camino sola, lo sufrido, se veía a ella misma caer y levantarse de nuevo, por los suyos, por ella.

—¿Crees, Mary, que cualquier persona, lucharía sola, se arriesgaría a dejar su vida y arriesgar la vida incluso por sus sueños? ¿Conoces a alguien que haya hecho lo mismo que tú?

No conocía a nadie, además ninguna mujer de su pueblo hubiera hecho esto, jamás.

—¿Te crees merecedora ahora de tus sueños? A esto te contesto yo, Mary. Eres la persona más merecedora que yo conozco, pero no porque seas mejor que nadie, sino por tu empeño, por tu decisión, por tu fuerza, por tu valentía. Porque decidiste dar ese paso hacia adelante, porque creíste en ti.

Sí, así era, se merecía ser feliz y vivir como ella deseaba.

Seguían en el presente.

Estaba ella ahora viéndose en su bucle de inseguridades y miedos.

Se veía pequeña y sin fuerzas.

—¿Quién te está limitando ahora, Mary?

Era ella misma, se estaba machacando ella misma, era su peor enemigo, ella y solo ella.

—Nadie te ha dicho esta vez que no puedes, más bien todo lo contrario ¿Por qué sigues creyendo lo que alguien, que fue muy desgraciado, te dijo en su día? ¿Por qué no crees en los que confiamos en ti y sabemos de lo que hablamos?

Lo había visto claro.

—Eres y serás merecedora de lo que tú creas, nadie podrá cambiar esto si tu no le dejas, tu vida, tus sueños y lo que tú te mereces, lo decides tú. Solo tienes que creer en ti, más que nadie.

Se empezaba a sentir eufórica.

Viajaron ahora al futuro.

Estaba Aidil con los suyos, era reina y todos la querían. Se veía a ella misma segura, había aprendido a ser merecedora de sus éxitos y a compartirlos con su pueblo.

—Esto, Aidil, lo has conseguido tú sola. Te quieren por lo que tú haces por ellos, por lo que das, por lo que les aportas. Tus enseñanzas los hacen a ellos mejores y tú mejoras por ello. ¿Te crees ahora merecedora de tus sueños?

Le volvió a preguntar Greg, y esta vez espero su respuesta.

—Sí, Greg, lo merezco igual o más que cualquiera.

Entonces, Aidil, es hora de regresar y seguir luchando por lo que es tuyo y bien merecido.

VOLVIENDO AL CAMINO

Trec había empeorado en las últimas horas, la fiebre no le bajaba y estaba muy débil. No estaba seguro Rufos de que pudiera salvarlo.

Y ella sin aparecer. El oso todavía la esperaba, recostado en la puerta de la cabaña, no perdía la fe.

Rufos, como cada mañana, bajaba al río acompañado por el animal. La esperaban.

Ese día iban distraídos, la tormenta había pasado, pero esas nubes negras, esa niebla no se movía, seguía cerca de la cabaña como acechando. No le gustaba nada eso a Rufos. Mal presagio.

¿Sería la muerte que esperaba para llevarse a Trec? Era tenebroso. En eso iba pensando, cuando al alzar la vista la vio.

Estaba tirada en la arena, también inconsciente, como Trec.

Qué alegría tuvieron los dos, el animal y Rufos.

—Vamos, Odi.

Así le había puesto al oso, ya eran amigos después de tanto tiempo juntos.

—Esperemos que siga viva y que esas nubes negras no signifique que vengan a por ella.

La llevaron a la cabaña, tenía pulso muy débil, pero vivía. Ella era fuerte, más que algún guerrero, su fortaleza emanaba desde su interior, era algo que tenía ella, algo especial.

Al entrar, de repente el libro abrió sus páginas, después de estar días sin ningún nuevo acontecimiento.

Pero Rufos no se fijó en él, había trabajo que hacer, ella era lo primero, quería salvarla, ya no por deber, lo hacía por ella.

La cuidó, la mimó, le hizo todo lo que en sus manos estaba para que se sintiera mejor lo más rápido posible.

No tenía ninguna duda, después de todo lo que hizo, ella viviría.

En cambio, Trec lo tenía más difícil, demasiado tiempo sin ninguna mejora. Deliraba mucho y en sus delirios había contado ya casi toda su vida he inquietudes. No era un hombre de bien, no tenía buen corazón, ni buenos deseos.

Rufos tendría que alertar a Aidil, podría hacerle mucho daño.

Pero primero tendrían que despertar, los dos.

Las primeras horas fueron cruciales para Aidil, pero ella no mostraba síntomas de ahogamiento, tenía algo esta chica que la protegía, era algo de la otra dimensión, se movía en otras perspectivas, era un ser de luz.

Una vez se hubo relajado y ocupado de ella, Rufos se sentó al lado de la chimenea, decidió ir a por el libro. Fue entonces cuando lo vio, un mensaje claro anunciaba que algo los acechaba, el libro los avisaba, pero no podía saber qué era, ni por donde vendría. Tendría que esperar, no tenía más remedio.

Al día siguiente Aidil despertó, estaba confusa, no sabía bien qué había sucedido. Se confundía entre los sueños y la realidad, no sabía cuál era la realidad y cuál eran los sueños,

pero tenía claro que todo estaba conectado, sueño o realidad formaba parte de su camino.

Se alegró de verlo de nuevo, Rufos era ya para ella de su familia, además tenía mucho que agradecerle, siempre era él que acababa salvándole la vida.

—Hola, mi reina —le dijo Rufos, con mucha alegría—. Esta vez me has hecho sufrir, pensaba que no regresarías.

Ella sonrió.

—No vas a deshacerte de mí tan fácilmente, que lo sepas.

Volteó la cabeza y vio a Trec, empezó a recordar lo sucedido, la tormenta… y que él estaba ahí por su culpa.

—¿Se pondrá bien? —le preguntó a Rufos.

Rufos no tenía respuesta, no lo sabía.

—Aidil, no puedo responderte a eso, pero de momento sigue con vida, debemos esperar.

Esperaría también a decirle quién era en realidad Trec.

Odi la esperaba, se asomó por la ventana, quería comprobar que estaba bien.

Todavía no estaba fuerte, tenía que descansar, pero se recuperaría rápidamente, el camino esperaba por ella.

CAPÍTULO 39

FURIA DESATADA

Había notado que ella se acercaba, la había sentido, estaba a punto de cruzar al otro lado.

Algo la había hecho regresar, él se había hecho ilusiones, la tenía ya casi en sus brazos.

Estaba más que furioso y cuanto más se enfurecía él, más se oscurecía el cielo. Era como una nube espesa de odio y venganza que se apoderaba de los alrededores de la cabaña.

Iría él a por ella.

Su padre, el de John, había bajado a por él, encontraría la forma.

Cada día que pasaba notaba que ella se alejaba más, como si alguien la protegiera, notaba que su Mary ya no era esa niña que a él tanto le gustaba, se estaba convirtiendo en una mujer fuerte. Si tardaba mucho en ir a por ella, sería demasiado fuerte para él, no podría con ella.

Su vida seguía en una lenta y cruel tortura.

Ni vivía ni moría y en cambio podía ver al resto de la gente disfrutar con sus vidas y, lo que era peor, cada día podía ver lo que había sido su vida, nada. No había nada que John hiciera en vida que ahora hiciera que la gente lo recordara, nada bueno había dejado tras su muerte, con él había acabado su legado.

La noche anterior, en sus divagar por la vida o por la muerte, en sus pensamientos se había metido una especie de duende, era alguien que quería conocer sus intenciones, se había introducido en su mente para protegerla a ella, quería saber qué es lo que iba hacer con ella.

Eso lo había enfurecido más y ahora las nubes espesas y oscuras parecían una ola de viento negra que se movía constantemente alrededor de la cabaña, a la espera, observando.

Desde fuera se veía algo muy peligroso, no había ni un animal en los quinientos metros alrededor de la cabaña, todos habían huido despavoridos.

La ira de John estaba desatada. ¿Quién osaba entrar en su mente?

CAPÍTULO 48

DESESPERADOS

Pasaba el tiempo y no se sabían noticias de Aidil. Drog se sentía desesperado, su pueblo seguía alterado, tal vez como él, aunque por diferentes motivos.

Saro estaba también muy preocupada, nada se sabía de su hija, parecía que se la hubiera tragado la tierra, por mucho que Greg la tranquilizara, no había forma de que se calmara.

Greg sabía que Aidil seguía con su lucha interna, por eso le costaba más encontrar el camino, pero confiaba en ella y sabía que vivía. Ahora debía preocuparse por el pueblo, estaban desatados.

Él había notado que todo había comenzado desde que Trec había desaparecido, algo pasó ese día, por eso subió aquel día a meditar a la Montaña Sagrada.

Así fue, en Un Mundo Nuevo reinaba la paz, siempre había sido así, parecía que allí no existiera la envidia ni los celos, pero algo había cambiado desde el momento que Trec cruzó el enlace.

Ese día meditando en la Montaña Sagrada lo vio claro. El enlace había quedado una pequeña ranura, algo había sucedido que esta vez no se había cerrado del todo, apenas se notaba, pero él lo vio.

Intento abrirlo y volverlo a cerrar, pero no había forma, era como si algo se hubiera quedado por completar, tal vez Trec no debió de cruzar, tal vez estaba donde no tenía que estar.

Toda la ira y la rabia de nuestro mundo, todo lo malo que aquí teníamos estaba filtrando poco a poco en Un Mundo Nuevo y se metía en los cuerpos de su gente que no estaban acostumbrados a esos sentimientos y parecía como si se multiplicara por dos todo lo malo que entraba en ellos.

Greg entendió claramente lo que había pasado, Trec no llevaba ninguna buena intención y, así, con toda la maldad, había cruzado el enlace.

La puerta se abrió en su momento por Kun, para que fuera salvado, pero finalmente quien cruzo fue Trec.

Se había cambiado la naturaleza del enlace, estaba creado para hacer el bien, para unir los dos mundos, para y por el bien.

Ellos siempre habían respetado su paso por él. Nunca con intención de hacer el mal.

Ahora el mal ya estaba hecho y sería imposible cambiar la mente de todo un mundo. Tendrían que esperar a que Aidil regresara, con su retorno habría una posibilidad, en ella reinaba el amor, ella podría tal vez hacer entender, conocía bien su mundo y sus mentes. Tal vez podría ella apaciguar a sus gentes con su poder y su gran don.

Drog estaba enfadado con Greg.

—Greg, voy a ir a por ella, es mucho tiempo ya, todo se nos está yendo de las manos, ella debe de estar aquí, con su hijo, conmigo, con su gente. Todos la necesitamos y la necesitamos ahora.

Estaba en verdad muy alterado, no había forma de calmarlo, bien sabía Greg que su mayor preocupación era que Trec estuviera cerca de ella, tal vez presentía algo.

—Me siento muy mal, Greg, ella está sola y yo aquí sin hacer nada, debes entenderme, necesito ayudarla, sentirme útil. Hace mucho tiempo que esperamos. ¿No crees que ella ha aprendido lo suficiente?, ¿no crees que ya es hora que este aquí? La necesitamos y su hijo también, debe estar aquí, este es su sitio.

Tal vez tuviera razón, tal vez ya era hora de ir a buscarla, él también deseaba que estuviera aquí, también empezaba a sentir intranquilidad.

Greg sabía que la única manera de volver a cerrar el enlace sería con su regreso y el de Trec, debían de regresar los dos, no había más remedio.

Kun, por su parte, también había notado la ausencia de su madre.

"La energía matriarcal te alimentará".

Parecía que estaba notando su ausencia más de lo esperado.

Necesitaban a Aidil en su Mundo, por todos, había demasiado en juego. El amor de todo un mundo.

Pero es que todo era nuevo también para Greg, no podía predecirlo todo tan exacto, la fuerza del amor se le escapaba de sus manos, era un área demasiado desconocida para él.

Lo había decidido.

—Está bien, Drog, cruzarás el enlace, irás a por ella, pero deberéis traer a Trec con vosotros, no puede quedarse al otro lado, no se podrá restaurar todo sin su regreso. Aquí ya será juzgado.

Lo traería, pero lo más importante es que iba a por ella, por fin.

CAPÍTULO 41

POR UN MUNDO MEJOR

No por sus deseos de partir hacía que el viaje no fuera peligroso, Greg sabía que estaban alterando demasiado las idas y venidas del enlace y, como se había demostrado, nada bueno traía esto consigo. Pero deberían arriesgarse una vez más, tal vez después de esta vez ya no sería necesario volver nunca más ¿quién sabía?

Estaban pasando muchas cosas nuevas para él también, después de años de tranquilidad, todo se le escapaba un poco de las manos, era muy precipitado, aunque él intentaba mantenerse sereno. Si él se derrumbaba, caería todo el reino.

Esta vez deberían actuar más por intuición que por previsión, dejaría que fuera la fuerza del amor la que los guiara, al fin y al cabo, él sí sabía que el amor podía con todo. Bien, pues era hora de comprobarlo.

—Debemos hablar con tu madre, ella va a tener que hacerse cargo de dos reinos y tal vez no pueda con ellos, no ahora que están todos descontrolados. Sabemos que no es el

mejor momento para dejarla sola, pero veo que no hay otro remedio, tenemos que buscar la mejor manera para que nadie corra peligro.

Drog se quedó preocupado, su madre tal vez corriera peligro si la dejaba sola, tal vez aprovecharan sus gentes y le hicieran daño.

Todo era posible ya, estaban muy descontrolados, pero no podía quedarse, tendría que arriesgar la vida incluso de su madre.

En esto no había pensado él cuando había decidido ir en busca de Aidil, y estaba su hijo, ahora no quedaban en un reino seguro.

—¿Por qué todo se ha complicado tanto? —le preguntaba a Greg.

—Drog, esto forma parte de los cambios, debemos aprender a ser mejores a partir de los problemas, si nada cambia, nada mejora. Debemos entender que esto forma parte de nuestra evolución y crecimiento, algún día veremos la situación, cuando ya esté superada, y nos daremos cuenta de que era necesaria para aprender y seguir el camino que ahora nos espera.

»Hace tiempo que pienso que nuestro mundo necesitaba un cambio, la gente lo pide ahora a gritos, debimos verlo antes, no lo hicimos.

»A llegado, pues, el cambio tan necesario, debemos saber afrontarlo y reconocer que tal vez hemos sido muy egoístas con nuestra gente. Es hora de dejar que se expresen, tal vez tengan mucho que decir y mucho más de lo que pensábamos que aportar.

Drog, se dio cuenta enseguida de lo hablaba Greg, sí, su gente siempre había obedecido, pero nunca habían contado con su opinión, tal vez era hora de empezar a hacerlo.

Pero ahora debía traer primero a Aidil con ellos, ella era parte muy importante del proceso.

—Madre, voy a partir en busca de Aidil, debo traerla de regreso, deberás gobernar tú sola los dos reinos. ¿Crees que serás capaz?

Wona bien sabía que la situación se desbordaría para ella, pero entendía perfectamente que no había otro remedio, bien se lo había explicado Greg.

—Hijo, ve tranquilo, protegeré tu reino y el mío lo mejor posible, Greg se queda conmigo, su ayuda será muy útil para mí. Tráelos contigo, ahora ellos son nuestra salvación.

Claro que, si por él fuera, dejaría a Trec fuera de su mundo, pero cada uno tenía que estar en su mundo. Él no aportaba nada en el mundo que estaba, debían traerlo de regreso y así cerrar el enlace por completo. Cerrar una puerta para abrir otra de esperanza.

Por otro lado, era su hermano, no podía dejarlo abandonado, se sentiría perdido en una tierra extraña, sin nadie que lo ayudara.

—Debéis proteger a Kun —les dijo a su madre y a Greg—, nada debe pasarle, regresaré lo más pronto posible y lo haré con ellos, de eso no tengáis la menor duda.

No dudaban de eso. Sabían bien de su valía y su empeño, regresaría con ellos.

—Protegeré a tu hijo incluso con mi vida si es necesario.

Bien lo sabía eso Drog, Greg era su más fiel compañero, incluso más que eso. Drog confiaba plenamente en él.

CAPÍTULO 42

REVELACIONES PARA AIDIL

Después de varios días de convalecencia Aidil había recuperado sus fuerzas. Trec seguía en su inconsciencia, pero había una pequeña mejoría en él, la fiebre había bajado un poco, cosa que parecía muy bueno y esperanzador.

Rufos sabía bien que era hora de hablar con ella, debía contarle quién era Trec y por qué estaba en este mundo.

Ella debía partir y tenía que saberlo antes, ya decidiría ella que hacer con él, ella sabría, confiaba en su sabiduría.

—Aidil, debo hablar contigo. —Parecía serio, ella se sorprendió un poco, era un ser bastante agradable y dicharachero, esta seriedad la preocupó.

—Trec no es como tú piensas, no es de este mundo. Debo advertirte, tú decidirás después lo que vas a hacer. Trec es el hermano de Drog.

—¿Cómo? —Por más que pensaba que ya nada podía sorprenderla, siempre había algo que lo superaba.

Rufos siguió:

—Déjame explicarte, él está en este mundo por su intento desesperado de huir, se vio acorralado y, sin pensarlo, traspasó el enlace, jamás podrá volver si no es que alguien abre la puerta por él. Debes tu decidir si es lo que quieres. Contigo podría cruzar, solo si tú quieres.

¿Por qué no debería dejarlo cruzar con ella? No entendía.

—El motivo por el que escapaba era porque había secuestrado a tu hijo, quería venganza y utilizo a Kun para su propósito. Afortunadamente no le salió bien su plan y fue él el que quedó atrapado en este mundo.

Aidil no lograba entender. ¿Venganza por qué? Y utilizar a un niño… esto le pareció de lo más ruin.

Tu hijo hubiera muerto, si Trec hubiese logrado llevar a cabo su plan, él estaría muerto.

Lo miraba ahora de otra forma, sintió una rabia recorrer el cuerpo de ella.

Rufos continuó:

—Mira, Aidil, verdaderamente él no tenía nada contra tu hijo. Trec odia a su hermano y vio así la posibilidad de vengarse de él. Ellos nunca se han llevado bien. Trec quiere el trono.

Ella analizaba la situación y se descubrió a ella misma poniéndose en su lugar, planteándose el por qué hizo lo que hizo.

Y lo que ahora sentía ya no era rabia, sintió pena por él. Qué tan mal se sentía que lo había llevado a hacer daño a un niño. Recordó el tiempo que había pasado con él y veía a un hombre falto de amor y de autoestima, en ningún momento quiso hacerle daño a ella, todo lo contrario, la ayudó siempre. Y bien sabía Aidil que, por ella, estaba él debatiéndose entre la vida y la muerte.

—¿Qué pasaría si no me lo llevara conmigo?, ¿qué sería de él?

—Él podría vivir aquí mucho tiempo, como tú lo hiciste, pero él está solo y no es de mente fuerte, seguramente no aguantaría la soledad, no viviría mucho tiempo.

Ella sabía que no le deseaba ningún mal. No quería venganza, lo que sí quería era hacerle ver que había un mundo mejor a partir del amor, sin odio y rencor.

—¿Crees, Rufos, que tardará mucho en despertar?

—No puedo decirte, no sé siquiera si despertará.

Tenía que tomar una decisión ella, partir sin él o llevárselo consigo.

—Voy a marcharme, sin él —dijo —. No tengo tiempo que perder, ya me he demorado mucho, pero volveré en cuanto sepa el camino, volveremos a por él. Quiero que se lo digas, que espere aquí mi regreso. Mientras ocúpate de que no se marche. Rufos, ahora eres tu su guardián.

Sí, volvería a por él, si el odio lo había hecho llegar a ser lo que él era, no quería ella eso en su vida. Lo perdonaría, no viviría ella con odio. Después ya le explicaría Trec sus motivos.

Debía informar a Drog de dónde estaba su hermano.

Se pondría a la mañana siguiente en camino.

CAPÍTULO 43

SEÑALES

Despertaron muy temprano, debía partir Aidil, otra vez sola.

Rufos sentía cada vez más pena, se estaba encariñando mucho con ella.

Sentía admiración por ella, por su gran corazón.

Arreglaron las cosas necesarias, pero quedaba algo por hacer, una última advertencia.

Abrió el libro y se lo enseñó por la página que días antes se había abierto sola.

Su cara lo dijo todo.

Pero ahora estaba prevenida, podría así buscar una solución, ella encontraría la manera.

Rufos y Odi la acompañaron hasta el río, las despedidas se hacían duras, a ella también le costaban cada vez más decirles adiós y más pensar que tal vez sería la última despedida.

—Una cosa más —le dijo Rufos—. Debes saber que Trec está enamorado de ti, esto será un problema cuando sepa quién eres, aumentará la rivalidad entre los hermanos.

Sí, ella sabía de sus sentimientos, pero entonces no sabía quién era ella, tal vez ahora desistiría y se olvidaría de ella.

Cada día se complicaba un poco más, pero no quería pensar en eso, tendría fe en que todo se arreglaría del mejor modo y, sobre todo, confiaría en ella, sabría cómo hacerlo.

—Aquí se separan nuestros caminos —le dijo él.

Con un gran abrazo se despidieron y Odi la lamió como él solía hacer.

Se marcharon, no había más remedio. Los vio alejarse entre los árboles del bosque, esta vez no decaería, tenía que ser fuerte.

"¡Tú puedes Aidil!", se repetía a sí misma.

Y de nuevo se encontró en el mismo punto de partida, una vez más, en la orilla del río sin saber a dónde dirigirse.

Miró a lo lejos pensativa.

—Dame una señal, Dios, te prometo que yo recorreré el camino, pero necesito una señal, por pequeña que sea.

Esta vez confiaba en que encontraría algo que la guiara, estaba segura de ello.

Las nubes negras la seguían a ella, ahora se habían posado sobre su cabeza, la acechaban, la vigilaban.

Sentía ella unas fuertes punzadas en su corazón.

Pero esta vez, estaba preparada.

Las miraba, pero no sentía miedo, ya no.

Sabía quién era, sabía lo que buscaba, sabía cómo defenderse.

Seguiría a contracorriente, no importaba las veces que lo había intentado, lo volvería a hacer.

Se encaminó río arriba, como todavía era temprano tenía mucho tiempo hasta que anocheciera, sabía también que no encontraría cobijo, conocía ya ese trayecto, pero no le importaba, dormiría a la intemperie.

Caminó durante horas. Decidió parar a comer algo, estaba hambrienta. Rufos le había preparado algo de comida, como siempre, él tan atento con ella.

Decidió sentarse en una gran roca que había en el camino.

Se recostó en ella, echaba tanto de menos a Kun, ya casi no recordaba su cara. Se lo habían arrebatado muy pronto.

Pero entendía, con su hijo en brazos jamás hubiera hecho el viaje, todavía estaría hoy posiblemente en el hostal, muriéndose de pena y frustración.

Greg sabía lo que hacía, aunque era duro todo lo que estaba pasando.

Y a Drog, cómo lo echaba de menos a él también, necesitaba tanto de sus abrazos.

—No, Aidil, tienes que ser fuerte —se repetía a ella misma—. No decaigas, el final está cerca.

Comería y seguiría el camino, levantó la vista y a lo lejos vio la señal que tanto había pedido.

No, no estaba sola.

—Gracias, Dios. —Agradeció al cielo.

CAPÍTULO 44

REALIDADES OCULTAS

No veía el momento de llegar y abrazarla, quería estar ya con ella, que supiera que no estaba sola. Quería que estuviera en su casa con su hijo, ya era hora de que todo empezara su normalidad.

Tenía derecho a una vida nueva y poder vivirla.

Juntos los tres, qué alegría sentía solo de pensarlo.

Sin embargo, una mala sensación le invadía el cuerpo, se sentía extrañamente preocupado.

¿Tal vez Aidil estaba en peligro?

Conforme se iba acercando más al encuentro de ella, algo en el cielo lo alertó, él jamás había visto algo así antes, no sabía de qué se trataba.

Las nubes negras que se divisaban ya desde lo lejos.

No deparaban nada bueno, pensó Drog.

Aidil estaba segura, venía a salvarla a ella.

Se levantó rápidamente y corrió hacia la orilla, esta vez sí que era la definitiva, llegaría por fin a su tierra.

Tanto fue su prisa que olvidó su pequeño fardo con las pocas cosas que llevaba en su interior, tampoco le harían falta, estaba de regreso a su casa.

Levantó la mano haciéndose ver y la balsa y el hombre que en ella remaba se acercaron hacia allí.

El cielo cada vez más oscuro, las aguas cada vez más inquietas.

Nada le importaba a ella, no veía nada de eso, estaba cegada con su salvador.

Una tormenta estalló en el cielo de repente y un gran agujero se abrió de la nada. Era como un espiral de vientos fuertes que arrasaban con todo lo que su furia alcanzaba.

Ahora estaba quieta, paralizada de nuevo.

La balsa había desaparecido, entre los fuertes vientos y el espiral avanzaba con fuerza hacia ella. No tuvo tiempo de reaccionar, no pudo pensar y eso que estaba prevenida.

Fue absorbida rápidamente, en unos segundos, había desaparecido Aidil de la tierra.

Y con ella desaparecieron las nubes negras, los fuertes vientos y las tormentas.

Hacia un sol radiante que nada hacía intuir lo que allí había pasado.

El río se había calmado, sus aguas fluían suavemente.

A lo lejos, después de la tormenta, se volvía a divisar una balsa y en ella seguía un hombre remando ahora fuertemente, queriendo alcanzar rápido la orilla, más bien desesperado.

Drog venía remando tranquilamente, con muchas ganas de verla.

Estaba contento porque ya divisaba la orilla.

Allá a lo lejos la vio a ella, se veía muy chiquitita, pero no tenía duda, era ella. Le hacía señales, lo había visto, en nada la abrazaría.

De repente el cielo se oscureció y la tormenta lo alcanzó haciendo casi imposible mantenerse en la balsa, pero él era hábil y mantenía el equilibrio a duras penas, pero lo conseguía.

Vio el agujero abrirse y vio como en el desaparecía su amada, sin poder hacer nada, en unos segundos pasó de la felicidad a la amargura de no saber qué había pasado.

Parecía que iba a morir de desespero, remaba, remaba, pero parecía que no alcanzaba la orilla. Qué angustia de trayecto.

Igualmente, cuando llegó a la orilla, su desespero no había desaparecido, ella no estaba, no había sido ni una visión ni un mal sueño.

¿Dónde se encontraba Aidil ahora?, ¿dónde debía ir en su busca?

Maldecía solo, en la orilla del río.

Había una solución, debía hallarla.

Tan cerca que había estado de ella y ahora tan lejos.

Parecía que no podrían reencontrarse nunca.

CAPÍTULO 45

LUCHA DE SENTIMIENTOS

¿Qué es lo que había pasado? Estaba tan feliz saludándolo a él, por fin lo había encontrado y de repente se encontraba en medio de la nada. No podía ser cierto.

Se sentía muy aturdida, no sabía dónde estaba.

¿Qué es lo que le deparaba la vida ahora?, ¿no estaba bien ya?

Entonces, desde las sombras de esa oscuridad que estaba ahora metida salió él, con su sonrisa de victoria tan habitual en esa cara de amargura.

Era John. Parecía un alma en pena.

—Juré que regresaría a por ti y aquí estas, ahora sabrás lo que es estar viva sin poder vivir. Mi condena será también la tuya, viviremos eternamente en este deambular de amargura.

En medio de la nada y John de acompañante.

¿Esa iba a ser ahora su vida?, ¿eso le deparaba a ella su futuro?

—No. John, no voy a quedarme aquí, esta no es mi vida. Mis sueños están por cumplir, estoy luchando por ellos, debes dejarme ir. Morirás en paz si lo haces.

No iba a dejar que John decidiera su vida por ella. Ahora era dueña de sus pensamientos y de sus deseos. Nadie más condicionaría su vida.

—No tengo ningún odio hacia ti, he sabido perdonarte y entenderte, tú pagaras tus culpas, pero no me arrastraras a mí. Perdonarte me ha liberado del miedo y no tenerte miedo me hace libre, nada me ata a ti John y no volveré a verte.

John aun en donde se encontraba, en su vagar por lo irreal y lo posible, estaba asombrado.

En qué se había convertido su Mary, nada quedaba de lo que él en su día conoció, era ahora un ser superior, tan serena, tan segura y sin miedo a las penumbras.

Sí, Aidil sabía lo que quería y no estaba dispuesta a que nadie la detuviera.

John asombrosamente quedó sin palabras, incluso parecía que se le había esfumado hasta la ira. Deseaba descansar, dejar de vagar, dejar de odiar. Las palabras de ella lo hicieron entender, valía más morir en paz que vivir en esa tortura.

—Perdona, John, desde el fondo de tu corazón, perdona a todos los que te hicieron daño, pero, sobre todo, perdónate a ti, solo así conseguirás esa paz que tanto anhelas.

Sí, deseaba paz para él, para su cuerpo, arrastraba muchos años de odio y rencor, no podía más.

Solo el amor y el perdón amansa a las bestias más fieras. Qué poderoso era el amor.

No era en vano que Rufos la llamaba Reina del Amor, su poder era sobrenatural, pero podía más su empeño y sus ganas.

John la miro, sería la última vez que lo haría.

Era tan bella, pero ahora además tenía una luz que la hacía especial.

No podía impedir que se marchara, no podía hacer nada contra su voluntad, sin miedo ella era ahora más fuerte. Pero se descubrió deseándole que al menos ella fuera feliz, era esa su manera de perdonar. John había podido perdonar a Mary.

—Lo sé, John —le dijo ella. Notaba sus deseos, sin que los hubiese expresado con palabras—. Te lo agradezco. Agradezco tu paso por mi vida, tú has sido un maestro para mí, y gracias a ello soy ahora quien soy. Queda mucho por recorrer, así que debo marcharme. Descansa en paz.

Y así, con estas palabras, Aidil desapareció para siempre de la vida de John.

John podría descansar en paz, ahora sabía el camino, en sus manos estaba cogerlo.

EL RESURGIR

Qué sentimiento de amor más profundo sentía Aidil en su cuerpo.

Qué sensación de que estaba en el camino.

Recordó de repente esas palabras del libro:

"EL CAMINO EN VERDAD NO IMPORTA, IMPORTA LO ANDADO, EN LA UNIÓN DE ALMA Y MENTE SE ENLAZAN LOS CAMINOS".

Sabía ahora exactamente a qué se refería, sabía ya el camino de regreso a su tierra. La claridad se hizo en ella.

Todo lo vivido era el camino hacia su destino, no las millas recorridas, sino lo que había vivido.

El enlace se abriría ahora a sus pies.

Había nacido una reina.

REINA DEL AMOR: portadora de esperanza, corazón libre, entregada a los demás.

Tocó de nuevo el medallón, algo quedaba por concluir.

El sol suave y tibio acariciaba sus mejillas, estaba tan feliz, se sentía más a gusto que en su vida, una sensación de plenitud recorría su cuerpo. Se había encontrado con ella misma. Resurgía, pues, de sus cenizas.

Despertó en la roca que se había sentado horas atrás.

Realidades o sueños, qué más daba, había aprendido tanto en sus andares hacia la felicidad, que fuera como fuera, había sido todo, por y para ella.

Ahora sabía el camino, pero antes debía hacer una última cosa.

Regresó a la cabaña, allí la esperaba Rufos.

—Lo sé, mi reina, has encontrado por fin el camino —le dijo él con una mezcla de alegría y tristeza.

Sabía que esta vez ya no regresaría, era la despedida.

Se acercó a Trec y, desde el amor más profundo, posó sus manos en el corazón de él. Lo había perdonado, había entendido. Ahora ya no necesitaba saber su motivo.

Entender que tenía el alma rota fue suficiente para ella, sabía que Trec vivía como un alma en pena infeliz, tal vez como John.

Con todo lo mejor que ella sentía ahora en el corazón, deseo la vida para él, merecía estar vivo.

Otra vez, como pasó con Odi, Trec resurgió de su más allá y regresó a la vida.

La miró, profundamente, se sentía agradecido, sabía perfectamente qué había pasado. Lo había devuelto a la vida.

Sabía quién era ella, lo había visto en su agonía entre la vida y la muerte.

—Trec, debemos regresar a casa, nuestra gente nos espera.

Él sintió mucho miedo, no sabía si debía regresar.

Ella apoyo su mano en su hombro y le dijo:

—Todo saldrá bien, confía en mí.

No hicieron falta más palabras, su actitud lo decía todo.

Y confió, la seguiría ciegamente al fin del mundo. Nadie lo había sabido entender, solo ella.

Tocó Aidil de nuevo su medallón. Habría tiempo de concluir.

Se respiraba triunfo en el aire, amor a raudales. Desprendía una felicidad radiante, ella era ahora una nueva mujer. Aidil, ahora sí, había resurgido de lo más profundo de su ser.

—Rufos, sin ti nada hubiera sido posible, tú has sido parte de mi vida, en mi corazón vivirás eternamente, pero no será esta la última vez que nos veamos, nuestros caminos se volverán a cruzar, no llores mi despedida, esto es un hasta pronto. Te prometo que nos veremos de nuevo. No tengas duda.

Rufos quedo sorprendido, había crecido Aidil, mucho, no parecía ella, era ahora una mujer muy segura. Había sabido cerrar sus heridas, el viaje a su interior la había hecho crecer profundamente.

Estaba ahora preparada para la vida soñada en Un Mundo Nuevo.

Había descubierto su mundo nuevo, el de su interior, el de su valía.

Reinaría como ninguna la Reina del Amor en Un Mundo Nuevo…

Pero esta es otra historia contada por ella misma.

Continuara…

Aidil, Reina del Amor.

LAIN, LA VOZ DE TU ALMA

El día que conocí a Lain fue sin duda mi renacer.

En uno de los peores momentos de mi vida, cayó un ángel del cielo, ese ángel se llama Lain.

LA VOZ DE TU ALMA despertó en mí algo que ni yo misma sabía que estaba ahí.

La primera vez que sentí de verdad ganas de decir "gracias por la vida", fue después de asistir a un evento suyo. En mi vida he vivido una experiencia igual, es IMPRESIONANTE.

Gracias a él mi camino por la vida es ahora de felicidad.

Gracias a él ahora sé que hay una vida mejor para todos.

Gracias a él me he descubierto a mí misma y lo que valgo.

Gracias, Lain, por cruzarte en mi vida, eres mi maestro, mi mentor.

DESCÚBRELO EN www.laingarciacalvo.com.

PUEDES ENCONTRARME EN:

 Lidia Vives Ripoll

 @lidiavivesoficial

 @LidiaVives8888

 Lidia vives

9 788841 848910 5